箱根0区を駆ける者たち

佐藤 俊

幻冬舎

目次

序章　両角監督の飴

第94回箱根駅伝、復路10区鶴見中継所――。

2018年1月3日、快晴の中、アンカーの川端千都《かずと》（4年）が9区の湊谷《みなとや》春紀（3年）から3位で襷《たすき》を受けた。駅伝主務の西川雄一朗（4年）が東海大・望星寮の情報本部から送られてきたタイムを両角速《もろずみはやし》監督に伝える。

「先生、10区、川端と4位の早稲田の差、44秒です」

両角監督が静かにうなずいた。

前を行く青山学院大、東洋大を抜くのは不可能だが、4位の早稲田大、5位の法政大にはそれぞれ40秒以上もの差がついていた。早稲田大の谷口耕一郎（4年）の1万mの持ちタイムは30分25秒20、約1分53秒のタイム差を持つ川端の力（28分32秒94）を考えれば逃げ切るには十分なタイム差だ。

「3位もらったでしょ」

西川は確信した。

前日、往路が9位に終わった時は、目の前が真っ暗になった。思い通り、計算通りにいかない箱根の恐さを改めて感じ、監督とともに打ちひしがれた。しかし、今、タイムを伝え、肩越しに見えた監督の表情は緊張が解けたように柔和だった。

大会前、東海大は青学大、神奈川大と並び優勝候補の一角に挙げられていた。

前年、10月の第29回出雲全日本大学選抜駅伝競走（出雲駅伝）では10年ぶりの優勝を果たし、翌月の全日本大学駅伝対校選手権大会（全日本大学駅伝）ではアンカーで神奈川大のエース鈴木健吾（4年）に抜かれたものの、準優勝を勝ち獲った。

主要レースでも館澤《たてざわ》亨次（2年）が関東学生陸上競技対校選手権大会（関東インカレ）、日本陸上競技選手権大会（日本選手権）1500mで優勝し、鬼塚翔太（2年）は日本選手権クロスカントリー競走（クロカン）で優勝。湊谷は札幌マラソン（札幌ハーフ）で優勝するなど結果を出してきた。

箱根エントリーメンバー16名はタイム的にも敵なしだった。

上位10名の平均タイムは、1500m、5000m、1万m、ハーフマラソンの主要4種目で、参加20チーム中ナンバー1。すべての種目で駅伝王者・青学大を上回っていた。

「みんな、箱根はイケるはずだと思っていますし、イケるはずだというのを裏づける大会にしたいなって思っています」

両角監督の言葉はチームへの期待に満ちていた。

周囲の期待値も右肩上がりになり、メディアにも青学大に次いで取り上げられるようになった。２０１７年12月13日、東海大主催の箱根駅伝会見には昨年の３倍となる１００名を超える報道陣が詰めかけた。大学関係者は、あまりの人気ぶりに「今までこんなに人が来たことはなかった」と目を丸くした。

会見では「早くこい、こい、箱根駅伝」と両角監督は笑顔で自信を窺《うかが》わせたが、選手のモチベーションも非常に高く、「箱根で勝つぞ」と一致団結して燃えていた。

しかし、箱根は甘くはなかった。

往路は優勝した東洋大に５分40秒の差をつけられ、９位と惨敗。

しかも、後続チームとそれほど差がなかった。10位の中央大とは９秒差、11位の中央学院大とは34秒差、12位の帝京大と38秒差、13位の駒澤大にも１分52秒差となり、優勝争いから一転してシード権争いになる厳しい現実を突きつけられた。

西川は「復路もかなり厳しい戦いになる」と覚悟した。だが、６区の下り、中島怜利《れいり》（２年）が爆発的な走りを見せて４人抜きで５位に上がると、８区の館澤が３位にチームを押し上げ、９区の湊谷を経て、10区のアンカーの川端に襷がつながった。春からトラック競技でスピードをつけ、夏に距離を踏んで強化してきた東海大の底力が最後に出たのだ。

10区5キロ地点、運営管理車に乗務している両角監督がおもむろに袋から飴を取り出した。選手に指示を出すので喉の調子を整えるのに飴を常備していたのだ。

その飴を乗員4名全員に手渡した。

それは、この2日間で初めてのことだった。

「3位が見えて、先生もやっと安心できたんだなって思いました」

西川も前を走る川端の背中を見て、少しホッとしたという。

だが、両角監督も西川もこの先、大きな波乱が起こることを、まだ知らずにいた。

0区——13名の戦い

私が東海大に興味を持ったのは、2016年、「黄金世代」といわれた關颯人《せきはやと》や鬼塚翔太、館澤亨次たちが入学してきたのが発端だ。高校陸上界でトップクラスの選手たちが大量に入学してきたのは、各高校の先生方の推薦もあったが東海大に大きな魅力があったからだ。

その魅力とはいったい何なのか。

東海大を取材していくと、両角速監督の指導方針が青学大とはまるで異なることに興味が膨らんだ。教育の一環として陸上部をとらえ、個人面談で1年間の方向性を決める。選手個々の自主性を尊重し、選手に選択肢を与え、トライさせる。大学時代に駅伝で勝つことはもちろんだが、卒業後の競技人生を考えての指導は青学大の「箱根必勝カリキュラム」とは一線を画していた。

当時は、駅伝王者・青学大が駅伝3冠を達成できるかどうかをテーマに取材していたので、その違いが新鮮に見えた。学生時の駅伝は青学大が圧倒的に強いが、果たして卒業後、選手はどう成長していくのか。そういうところに視点を置くと大学時代の指導にもっと注目していく必要がある。東海大の選手のその後を調べていくと、卒業後、陸上界で輝く選手が多かった。

両角監督の指導とはどういうものなのか。

黄金世代がどう成長していくのかも含めて、東海大を追ってみたいと思い、両角監督に話をしに行った。最初は、あまりいい返事をもらえなかった。何度か足を運び、２０１７年春、秦野中央運動公園での練習の時に会いに行って話をし、ようやく了承をいただいた。

２０１６年シーズンは青学大を取材していた。

青学大のチーム作り、強化方法、年間のプランニングは取材を進める中でだいぶ見えてきた。練習メニューは、基本的には毎年変わらない。その練習でのデータをベースに練習の消化率を見て、それを見ればどのくらいやれるか見通しがつくようになっている。そこまでデータ管理化されているのは、おそらく青学大だけだろうが、それは3連覇を達成し、成功した大学にしか得られないデータである。

一方、東海大は、打倒青学大のエネルギーに溢《あふ》れていた。

館澤亨次のように日本選手権の１５００ｍで勝つことを目指しながらも箱根の20キロも走る。自分の将来を考え、まったく異なる距離を両方やり遂げつつ、箱根スペシャリスト集団の青学大に勝つ。そこに彼らの野心と夢を感じた。

また、東海大の陸上部のホームページを見ると大勢の学生が所属しているのがわかる。2017年度は4年生が14名在籍しており、こんなに選手がいるのだと初めて知った。他校と比較しても学生の数が多いのだ。主要大会に出てくる選手はチームの主力で、それ以外の選手はほとんど見かけることがない。記録会も主力選手が走れば、どうしてもそちらに目が行き、彼らとは話をする機会がない。彼らの多くが誰にも名を知られず、静かに競技生活を終えていくのだが、どういう思いで学生最後の1年間を過ごしていくのか。

それが名の知れぬ4年生を追いかけるキッカケになった。

東海大陸上部は1960年、同好会としてスタートした。

箱根駅伝には1973年に初出場し、2005年、第81回大会では往路優勝を果たしたが、まだ総合優勝はない。

2017年、東海大学陸上競技部中・長距離ブロック所属4年生の名簿には14名の名前が記載されている。主務とマネージャーを含めると16名だ。

主将　春日千速《ちはや》　理学部数学科（長野・佐久長聖高校）
阿部啓明　教養学部人間環境学科（秋田・花輪高校）
小野稔彦　体育学部競技スポーツ学科（新潟・佐渡高校）

川端千都　体育学部競技スポーツ学科（京都・綾部高校）
國行麗生《くにゆきれお》　体育学部競技スポーツ学科（徳島・美馬商業高校）
小林和弥　体育学部競技スポーツ学科（兵庫・西脇工業高校）
島田良吾　体育学部体育学科（埼玉・東京農業大学第三高校）
関原稔記　工学部機械工学科（神奈川・自修館中等教育学校）
田中将希　理学部情報数理学科（石川・遊学館高校）
垂水　隆　政治経済学部経済学科（熊本・九州学院高校）
兵頭穂高　政治経済学部政治学科（愛媛・宇和島東高校）
廣瀬泰輔　体育学部競技スポーツ学科（三重・伊賀白鳳高校）
谷地宏康　政治経済学部経営学科（山形・東海大学山形高校）
山田大地　教養学部人間環境学科（新潟・十日町総合高校）

駅伝主務　西川雄一朗　文学部広報メディア学科（熊本・九州学院高校）
マネージャー　鈴木すみれ　体育学部スポーツ・レジャーマネジメント学科（神奈川・東海大学付属相模高校）

2017年12月10日、朝練習前。東海大学湘南キャンパス、5号館の1階フロアには長距離ブロックの全選手、コーチらが集合していた。箱根駅伝のエントリーメンバー登録提出となるこの日、登録選手16名が発表されることになっているのだ。

　両角監督が選手たちの前に立った。

「これから箱根駅伝の16名の選手を発表する」

　選手たちは、後ろに手を組み、直立不動で耳を傾けている。

「4年、春日、川端、國行、3年……」

　4年生から選手の名前が次々と呼ばれていく。選手たちは、静かに淡々とその発表を受け入れる。「やった!」「よっしゃー」という歓喜の声も仲間からの祝福もない。監督がユニフォームを渡すなどのドラマティックな演出もない。メンバー入りする選手は数日前にはだいたいわかっているし、目前には落選した多くの仲間がいるからだ。発表後、すぐに朝練習が始まるので、悲喜の感情を引きずることもない。あっても表には出さない。16名のメンバー発表が終わると、いつものように練習内容が西出《にしで》仁明《のりあき》コーチから伝えられ、選手たちは何事もなかったかのように練習に散っていく。

　さまざまな感情が込み上げてくるのは、練習が終わり、寮に戻ってきてからだ。

　これまでのタイムや実績から落選を察してはいても、現実に自分の名前が呼ばれないというのは、どんなレベルの選手でもつらいものだ。それでも3年生以下であれば、もう1年チャンスがあるので、悔しさを抱えながら「次こそは」と気持ちを切り替えられる。

だが4年生は、これで終わりだ。次はもうないのだ。

箱根を走れないという厳しい現実を突きつけられると両親や恩師の顔が浮かび、申し訳ない気持ちでいっぱいになる。今まで積み重ねてきた自分の努力や競技人生がシンクロし、自分の中に押し留めてきた感情が爆発する。トイレや自分の部屋などで一人になって涙を流す選手もいれば、中には悔しさのあまり「もう箱根は見ない」と箱根を拒絶する選手も出てくる。深い喪失感は箱根への思いと憎しみという相反する感情を生み出し、自分の気持ちを落ち着かせるのに時間がかかる。

それほど箱根を走るというのは陸上部の選手にとって大きなことなのだ。

箱根駅伝は、正式名称を東京箱根間往復大学駅伝競走という。

レースは前年度に10位以内に入りシード権を獲得した10校と、10月の箱根駅伝予選会を通過した10校、関東学生連合を合わせた21校が出場する。関東学生連合とは予選会を通過できなかった大学からタイム上位者、各大学1名が選出され編成される混合チームで、オープン参加(個人、チームともに公式記録に記載されない)となる。

1月2日、午前8時に読売新聞東京本社のある大手町をスタートし、箱根芦ノ湖湖畔までの往路5区間107・5キロを走り、往路優勝を争う。

翌3日も、午前8時にスタート。箱根の山を下り、大手町まで復路5区間、109・6キロを走る。往路と復路の2・1キロの差は、1区と10区でコース取りが異なるのと、小田原中継所の移動によって生まれたものだ。総距離217・1キロ、全10区間の合計タイムで参加20校が総合優勝を争うのである。

箱根駅伝がスタートしたのは1920年、大正9年である。正月ではなく、2月14日に開催され、明治大学、早稲田大学、慶應義塾大学、東京高等師範学校（現・筑波大学）の4校が出場し、東京高等師範学校が優勝した。その後、1953年の第29回大会ではNHKラジオで全国に放送されることになり、1979年第55回大会の時に東京12チャンネル（現・テレビ東京）で初めてテレビで放送された。ただ、生放送は最後のゴールのみで、ダイジェストがメインだった。1987年第63回大会に日本テレビが実況放送をスタート。2003年にはシード10校、予選会枠9校、関東学連選抜チームを加えた20チームになり、エントリーの人数も16名に増えた。第95回の記念大会となる2019年箱根駅伝は、予選会枠を11校、関東インカレ成績枠1校とし、関東学生連合を加えた計23校が出場する予定になっている。

箱根駅伝はあくまで大学スポーツだが、その規模、人気を含め「夏の甲子園」と並ぶ超優良お化けコンテンツになっている。2018年の視聴率は往路が29・4％、復路は29・7％、往復の平均視聴率は歴代2位の29・5％を記録した。正月に1000万人以上の人がテレビで観戦していることになる。2018年は4連覇を目指す青学大の独走ではなく、東洋大と競り合う駅伝らしいレース展開になったことでドラマが生まれ、視聴者を釘づけにし、高視聴率を叩き出したのだ。独占放映権を持つ日本テレビは、この放送のために１０００人体制で臨み、沿道の観客数は２日間で１００万人を超えたという。

今や箱根駅伝は「冬の風物詩」のレベルを超え、国民的関心事なのだ。

それゆえ、箱根駅伝は巨額のマネーが動く。特別協賛企業のサッポロホールディングスのスポンサー料は約10億円といわれ、他に４社の協賛企業から各社数億円程度のスポンサー料が支払われている。日本最大のマラソンレースである東京マラソンの２０１５年の企業協賛金は24社で約18億９千万円なので、箱根の場合、５社でその額を簡単に超えてしまう。

大学にとってはおいしい舞台になる。

上位ではなくシード権争いをする大学でもテレビで大学の名前が連呼されるので全国的に認知されるなど、効率良く最大限の宣伝効果が得られる。近年、箱根駅伝で活躍している大学は受験者数を増やしているが、４連覇を達成した青学大は今年の受験者が前年度よりも約２１００人増加。準優勝した東洋大は１万４千人も増加し、前年比１１７％増になった。センター方式と一般入試は受験料に差があるが、計算すると約３億９千万円の収入になる。ちなみに東海大は前年度よりも３２００人も増え、前年比で１０８％の伸びになった。だが、それは正確にいえば箱根に強いから生まれた数字ではない。駅伝が強いからという理由で自分の進路を決めるのは陸上を目指す学生だけで、一般の学生が大学を選択する理由はもっと個人的なものであり、大学の学部の魅力そのものにある。ただ、箱根での活躍は大学のブランドイメージを良くするには非常に効果的であることは間違いない。

企業にとって箱根は大きなビジネスチャンスだ。

上位争いをする大学のウエアやシューズのスポンサーになることでレースをはじめさまざまな番組で露出が増え、大きな宣伝効果を得られる。そのためにアディダスは青学大、ナイキは東洋大、アシックスは早稲田大、ミズノは東海大と契約し、その契約も以前はウエアやシューズなど物品提供だけだった時代から契約項目が細分化され、強化費名目や大会での勝利によって金銭が支払われる時代になってきている。企業と大学が手を取り合い、スポーツビジネスを展開していこうという流れになってきているのだ。

商業化されていく箱根駅伝だが、学生たちは今もピュアに駅伝に取り組んでいる。

「箱根は、いろんなことを犠牲にする覚悟がないと走れない舞台です」

東海大の主将・春日は、そう言う。

関東学生陸上競技連盟主催の関東ローカルに過ぎない大会だが、全国の多くの高校生ランナーが箱根を走るために箱根に強い大学、あるいは箱根を狙える大学に入学し、正月の箱根路を走ることを目標にしている。4年間、飲み会もバイトもデートも控え、すべてを競技に捧げる覚悟で学生たちは箱根を目指すのだ。もちろん、彼らだけではなく、スタッフ、学校関係者、保護者、OBなど多くの人が支えることで駅伝は成り立っている。箱根駅伝は走力戦であり、総力戦でもあるのだ。

しかし、箱根を走れるのは20校、各大学ともわずか10名のみだ。箱根駅伝を目指す選手のうち、70％以上は一度も走れずに引退していく。残酷な結果、犠牲が多くの選手に突きつけられる分、箱根は真剣勝負になる。

だからこそ予期しないドラマが起き、人々の心をよりひきつける。

それも箱根の魅力のひとつだが、毎年多くの人が箱根を愉しむのは箱根駅伝がスポーツと祭りの混合文化、正月に開催される日本最大の「駅伝祭り」だからではないだろうか。

青森県青森市の「ねぶた祭」、大阪府岸和田市の「だんじり祭」、兵庫県西宮神社の「福男選び」など、北から南まで規模の大小を問わず、たとえ危険であっても（時に危険だからこそ）、町内対抗で神輿《みこし》を担ぎ競い合う多くの伝統的な祭りを、日本人は楽しんできた。開門と同時に約5000人が「一番福」を競って約230mを激走する「福男選び」ひとつとってみても、勝者がわからない筋書のないドラマがあり、熱気と興奮がある。祭りには人気作品となるべきドラマ性のあるストーリー、スリル、予測不可能な展開などの要素が揃っているのだ。

箱根駅伝にはそれらがすべて盛り込まれている。

町内対抗が大学対抗となり、1人が10人になり、距離が217・1キロになり、見物人が100万人になっても、祭りもスポーツも人々が熱狂する仕組みは同じなのだ。

駅伝は日本独特で世界でも類を見ないレースであること――この特殊性も人気の要因のひ

とつだろう。古代、襷は神事の装飾品であったと伝えられている。走るという単純な競技に「襷」という神事の象徴的なアイテムを使うことで、走ることが特別な意味を持つようになった。大学対抗の団体戦となって走ること、仲間に襷をつなぐことは日本人の心情に訴える何か大きな力が宿っているように思える。

そして、これが一番大事なことなのだが、箱根駅伝を観戦することは、まるで祭りに参加するように心地良いのだ。沿道で応援やテレビ観戦の後、多くの人が「あー楽しかった」と、明日への活力にしている。だから、人は1年に一度、「箱根の祭り」を楽しみにし、やめられないのではないか。

「黄金世代」の誕生

東海大学　第94回箱根駅伝エントリーメンバー16名

春日千速　（4年）
川端千都　（4年）
國行麗生　（4年）
三上嵩斗《しゅうと》　（3年）

湊谷春紀（3年）
湯澤　舜（3年）
鬼塚翔太（2年）
郡司陽大（2年）
阪口竜平（2年）
關　颯人（2年）
髙田凜太郎（2年）
館澤亨次（2年）
中島怜利（2年）
西川雄一朗（2年）
松尾淳之介（2年）
西田壮志（1年）

4年生からのエントリーはわずか3名。

注目すべき点は、やはり2年生の大量選出だ。

2年生は個々が大学トップクラスの実力を持ち、個性派が集まった学年ゆえに「黄金世代」と呼ばれている。彼らの多くは高校時代から有名な選手だった。關颯人、鬼塚翔太、羽生拓矢は高校時代に5000m13分台のベストを持ち、全国高校駅伝では阪口竜平が1区5位、館澤亨次が6位という成績を残している。超高校級の彼らの入部は、プロ野球にたとえるなら、高卒のドラフト1位候補選手が5、6名同じチームに集まったぐらいのインパクトがあった。

「黄金世代」の彼らは1年時から出雲駅伝、全日本大学駅伝を駆け、箱根駅伝にも鬼塚、關、館澤、中島、松尾ら5名の選手が出場している。2年目になるとさらに強さが増し、2017年の出雲駅伝では6区間中5区間を2年生が走り、優勝するなど圧倒的な存在感を見せていた。今回の箱根メンバーの学内選考会を兼ねた上尾シティハーフマラソン（上尾ハーフ）でも關や西川、郡司、髙田ら2年生が上位を占めた。彼らは実力で箱根の椅子を勝ち取ったのだ。さらに中島のように下りの6区という特殊区間で力を発揮する選手もいる。あらゆる区間で力を発揮できる選手が揃う2年生は「黄金世代」と呼ばれるにふさわしく、東海大の主軸を担っていた。

彼らを獲得できたのは、両角監督が長年築き上げてきたスカウティングの成果だった。

1年中あちこちの大会（国体や駅伝など）、記録会、高校の練習を見に行く。めぼしい選手がいれば高校の監督に連絡を取り、話をする。その際、重視しているのは、タイムだ。両角監督曰く「それが紛れもない事実であり、選手の力」であるからだ。実際に会う際は、顔つきや話をする様を見る。口下手でも真面目に競技に向き合う姿勢があるかどうかは眼を見て、話をすればだいたいわかるという。

「声を掛けて話をしてイメージと違うからやっぱりいいですとは言えないですね。あいつは危ないよって言われたら考えますが、多少性格がひねくれていても、タイムが良ければ気にしない。基本的にタイムがいい選手は取り合いですから」

記録を持つ優秀な選手には当然、他大学からもアプローチがある。鬼塚、關レベルの選手は5、6校が競合し、この時も激しい争奪戦が繰り広げられた。

それでもこれほどの選手を一度に獲得できたのは、佐久長聖高校監督時代から続く両角監督の指導が高く評価されていたことが大きい。

高校の陸上部の監督が両角監督の指導を応援し、有力な選手に「東海大に行ったら成長できるぞ」と積極的に生徒に働きかけてくれたという。そうして、他大学が羨む選手たちが全国から入学してきた。ただ、両角監督にとっては手放しで喜んでばかりもいられなかった。裏を返せば多くの優秀な選手を潰すわけにはいかないという大きなプレッシャーを背負うことになるのだ。

スカウティングの成否を決めるのは、チームの魅力が一番であり、それは両角監督曰く、「指導者の魅力」であるべきだという。

「あの監督の下でやれば強くなれる、成長できるという指導者の魅力が一番にならないといけないと思うんです。でも、最近、求められがちなのが入学金、授業料をはじめ合宿費の免除など金銭的な条件や大学のブランドです。東海大の金銭的な条件はどうなんですかと真っ先に聞いてきたり、明らかにブランドで選択しているなというのが感じられたりする。陸上競技を早稲田に入るための手段にするのなら仕方ないですが、その生徒がこれから生きていく世界は陸上界であり長距離だと確信できる子も、学歴を重視する親の意向があるのか、大学のブランドを見て選ぶ傾向にある。そういうのを見ると早稲田や青学、明治は羨ましいなと思いますね」

親の立場でいえば少しでもブランド力のある大学に進学してほしいと思うのは別に不思議なことではない。しかし、生徒が特別な才能を持ち、それを開花させていきたいと思うのであれば指導者は一番輝ける場所を提示する責任がある。以前はどの高校の監督も進路に大きく関わり、3年間預かった指導者として「出口の指導」をきちんとしていた。だが、最近は「この大学に行けば成長できるぞ」というアドバイスをせず、生徒任せにしているという。

「私は、佐久長聖高校監督時代、積極的に生徒の出口指導をしていました。その生徒のことを、競技力、性格を含めて一番よくわかっているのは指導者だからです。でも、最近の高校の監督は選手任せにしている人が多いようです。自分が指導して行った先で失敗した責任を取りたくないんでしょうね。それは私からすると無責任のように思えてしまいます」

高校で走り中心の生活を送ってきた選手は、自分のことも含めて見えていないところが多々ある。それゆえ監督の存在が大きいのだが、このままだと指導者の存在が軽視され、優秀な選手が、金はあるが指導力はない大学に進学するケースも出てくる。すると指導者も才能のある選手も育たなくなる。

「いずれNCAA（全米大学体育協会）のようにスカラーシップの人数制限をするなど、ルールを作っていく必要が出てくるでしょうね」

東海大ではスカウティングの予算が年間25万円しかない。上限を設けてやりくりする中で選手を獲得していくことが求められる。獲得競争が過熱し、札束が飛び交うなどなんでもありの無秩序な状態になった先は規制が始まる。もしかすると、「黄金世代」のような奇跡的な集合は、しばらくすると不可能になるかもしれない。

「黄金世代」の2年生が放つ輝きが強すぎる一方、3年生、4年生はレギュラー選手以外あまり目立たないが、それは各学年のカラーがあるので致し方ない部分もある。もともと4年生は性格的におとなしい選手が多く、競技力も2年生と比較するとかなりの開きがある。両角監督曰く「スポーツ奨学生として選手を獲得できる枠を残してしまい、いい選手が獲《と》れなかった学年」だった。4年生で奨学生として入学してきたのは春日、川端、廣瀬の3名のみ。奨学生が多い2年生とは入学時のレベルが異なるので、エントリーメンバーの数に差が出るのはある意味当然といえばそうなのだ。それでも4年生の中にはDチームから這い上がってきた國行のような選手がいるし、他の選手もスピードでは2年生に負けるが20キロという距離では負けない、と箱根出場を目指して努力してきた。

両角監督も、陸上サークルから這い上がり、2016年の箱根駅伝10区で区間4位という走りを見せた金子晃裕(現・コモディイイダ)のような選手が、國行以外にも4年生から一人か二人、出てくれればと期待していた。しかし、2年生を中心に全体のレベルが非常に高くなった今の東海大陸上部ではアメリカンドリームが見られるような隙がまったくなかった。

箱根0区を駆ける者たち

箱根から漏れた4年生、11名の選手たちは、16名のエントリーメンバーが発表された日を境に選手のサポートに回る。

「自分らは、箱根0区なんです」

西川主務は、そう言う。

0区とは、区間エントリーされた選手に安心して箱根を走ってもらうために日々の練習サポートを行う、裏方に回った選手たちのことだ。故障などで走れない選手はグラウンドの整備清掃はもちろん、データを集めるなどさまざまな雑務をこなし、箱根本番前の準備を行い、箱根のレース当日は、各区間で与えられたタイム計測、付き添い、給水、応援などの仕事を全うする。箱根を走る選手たちは、彼らの献身的なサポートのおかげで走りに集中することができる。

0区の選手の働きなくして、箱根駅伝は戦えないのだ。

しかし、0区になるということは、メンバー発表前日まで箱根を目指していた選手にとっては屈辱的なことだ。気が乗らない選手もいる。だが、不思議なことに続けていくうちにチームのためにという気持ちが強くなってくるという。スポットライトは当たらないが、箱根を走る選手たちは彼らの働きに感謝し、本番に臨む。お互いを思う気持ちがチーム全体で箱根を戦うという一体感を生んでいくのだ。

区間エントリー、3名。

0区エントリー、13名。

東海大学陸上競技部中・長距離ブロック所属4年生、計16名の最後の箱根が始まった。

号砲前――ギリギリの攻防

２０１８年1月2日、午前3時。

芝大門のホテルの部屋で目覚ましが鳴った。駅伝主務の西川雄一朗は飛び起き、１区を走る選手の朝練習を見るためにトレーニングウエアに着替えた。

ホテルには西川と両角監督、１区でエントリーされている關颯人（2年）、2区でエントリーされている阪口竜平（2年）とそれぞれの付き添いらが宿泊している。午前3時半過ぎから の關の朝練習の様子をチェックし、その後、朝食を摂り、午前6時に大手町の開門に合わせて移動した。

すでにスタート地点付近は多くの駅伝ファンや保護者、学校関係者が集まり、賑わっていた。

「頑張れよー」という声援と拍手の中、１区を走る予定の關とともに待機場所に向かった。待機場所というのはスタートするまで選手がアップしたり、着替えたり、音楽を聴いて気持ちを落ち着かせたりして、レース前に待機する場所のことである。

待機場所周辺にはすでに多くのメディアが来ていた。

西川は、一瞬立ち止まって關に声を掛けた。

「關、最後まで走るフリしていこうぜ」

「そうですね。やる気満々の顔でいきますよ」

關はそう笑い、西川は關の荷物を持って歩き出した。

実はこの朝、東海大はこの1区でメンバー変更を決めていたのだ。


2017年11月19日、關は上尾ハーフ（21・0975キロ、フィニッシュ数4677人）に出場した。

上尾ハーフは、東海大にとって箱根駅伝に出走する選手を見極める重要な部内選抜レースになっている。ライバルの青学大は同じく11月開催の世田谷246ハーフマラソン（世田谷ハーフ）を選抜レースにしている。世田谷ハーフはラストに上りがあるなど起伏が激しいコースだが、上尾ハーフは比較的、平坦なコースで好記録が望めるので、スピードを磨いてきた東海大にとっては選手の走力を見るのに好都合のレースなのである。

關は、東海大の強化プランによってスピードアップを体現してきた選手だった。1500m、3000m、5000m、1万mとすべての自己ベストを更新。1500m（3分42秒08）と5000m（13分35秒81）は東海大トップ。2017年の学生長距離5000mランキングでも日本人では順天堂大3年の塩尻和也（13分33秒14）に次いで2位、全体でも4位という結果を残した。

しかし、今まで20キロという距離を公式レースで走ったことがなかった。箱根に向け、20キロをどのくらいで走れるのか。全日本大学駅伝後、關は上尾ハーフに合わせて調整してきた。もちろん關以外の選手も箱根を走るために、この大会で勝つことを目標にしていた。タイムも大事だが、両角監督は大会で勝つことを非常に重視しているからだ。

強烈な向かい風が吹く中、關は序盤から先頭でレースを引っ張った。しかし、勝負どころの前に足が疲れてしまい、5位（1時間03分12秒）に終わった。

東海大内ではトップだったが、關は「タイムも物足りないですし、引っ張り切れず、勝負にも勝てなかった。昨年に比べたら20キロ走れる足になってきたけど、まだまだ力不足です」と、厳しい表情を見せた。両角監督も關の実力からすれば最低でも1時間02分内を想定していただけに「物足りないタイム」と不満気だった。

タイムは今ひとつだが、しかし手応えがないわけではなかった。後半18キロ地点から体がキツかったが粘って最後まで走れた。「箱根までの1か月間、距離を踏んでいけばイケる」と箱根に向けてモチベーションのギアが一段上がったのだ。

だが、この直後、左足脛骨《けいこつ》の疲労骨折が判明した。

箱根までの期間を考えると一時は絶望的になったが、超音波骨折治療器を使用するなど懸命なリハビリで回復が思いのほか早く、12月下旬の千葉・富津《ふっつ》合宿では非常にいい走りを見せていた。私はこの時点では疲労骨折の事実を知らなかったが關の走りを見て、今年は昨年の箱根で2区13位と撃沈した借りを返すだけでなく、どこを走るにせよ区間賞を取るぐらいの走りを見せてくれるだろうと思っていた。

だが、両角監督は關を外した。

故障明けで万全ではなかったのでリスクを刈り取ったのだ。

關の代わりに三上嵩斗（3年）が1区を走ることになった。

箱根駅伝は1月2、3日とも当日の朝、スタート1時間10分前に交代メンバーを運営本部に提出し、往路・復路合わせて4名の区間変更が認められている。12月29日発表の区間エントリーではダミーの偵察員を入れ、各大学の区間エントリーの編成を見て、入れ替える選手を考えていく。そうした駆け引きが本番の朝まで行われるのだ。この日、青学大は1名、東洋大も1名、選手を変更してきた。

西川は、三上が両角監督とともに待機場所に現れるまで、「1区・關」で相手を油断させておきたかった。

關が到着すると、カメラがエースの動きを追った。青学大の4連覇を阻止する最有力候補の東海大は、優勝候補でもあった。その優勝候補の1区、しかもスピードランナーとして知名度が高く、イケメンの關はカメラのおいしい的だった。

その關を見ながら西川は往路区間のメンバー変更の申請とユニフォーム、襷の確認をしてもらうために運営本部に向かった。

東海大・往路メンバー
1区：三上嵩斗（3年）※關颯人（2年）と交代
2区：阪口竜平（2年）
3区：鬼塚翔太（2年）
4区：春日千速（4年）
5区：松尾淳之介（2年）

各大学が時間までにオーダー変更を終えると5区までの区間走者が決定する。西川はすぐにそれを全選手とつながっているラインで送った。

待機場所に戻ると、すでに三上がアップを始めており、關がそのサポート役についていた。

両角監督は、エントリー変更の理由を求められているのか、多くのメディアに囲まれている。

しばらくすると取材を終え、監督が戻ってきた。

運営管理車の乗車時間が迫ってきた。

運営管理車とは、監督と主務、運転手、審判員、関東学生連合（学連）のレシーバー係の

5名が乗車し、選手の後方を走行しながら声掛けなどをしている車のことだ。毎大会、その運営管理車からは監督たちの名言が飛び出し、それがお茶の間に広がり、箱根駅伝の名物のひとつになっている。

運営管理車にはスタート30分前に乗車して待機していなければならない。これから5区の箱根まで5時間半以上もの間、車に乗りっ放しになる。トイレタイムは3区の途中までなく、尿意があっても我慢しなければならない。そのため、大人用おむつをはいて乗車する人もいるが、両角監督と西川は直前にトイレに駆け込み、すべてを出し切った。

西川は最悪の事態を想定し、コーヒー缶を空にして乗り込んだ。

箱根は情報戦

東海大学の情報本部となる望星寮の食堂では、マネージャーの鈴木すみれ（4年）と1年の学生コーチである小池旭徳と亀田稔の3名がスタート前、緊張した面持ちでテレビ画面を食い入るように見つめていた。

「ここでテレビ見るの久々だね」

鈴木の声に、みな苦笑した。

以前は食堂にテレビが置かれていた。ところがテレビに気を取られるあまり選手同士の会話が減り、コミュニケーションが取れていないとのことでテレビが撤去された。その後、望星寮寮長の廣瀬をはじめ4年生が監督に「テレビ復活」を何度か求めたが、学生たちの〝主張〟からは必要性が感じられないと却下され、「ない状態」が続いている。

箱根駅伝ではテレビでレースの推移を確認しタイムを計測していくので、数日前、倉庫からテレビを引っ張り出して設置した。

箱根駅伝は情報戦でもある。

各区間の定点ポイントの通過タイム、さらにそれ以外の地点で東海大が先行チーム、後続チームとどのくらいのタイム差があるのか。各区間の定点タイムではトップとのタイム差は運営本部が発表するが、例えば東海大が5位を走っている場合、4位と6位とのタイム差は出てこない。そのため東海大を軸としたタイムが必要になる。

また、気象状況、例えば気温が何度ぐらい上がっているのか、風はどの方向から、どのくらいの強さで、走りにどう影響するのか。道路はどの部分が凍結しているのか。タイムを含めたこうした細かい情報を得るために東海大は各区間の定点ポイント以外の場所に人を配置している。

各ポイントに置かれた計測員は、計測したタイムをすぐにラインで本部に送る。タイム差を本部にいる小池と亀田が計算し、紙に書き、それを鈴木が確認した後、写メしてラインで全選手、運営管理車に乗る西川、両角監督に送る。

ラインは、今やなくてはならない重要なツールになっている。
東海大のラインは、大きく分けると4つのグループが設定されている。

・ライン1……スタッフ〈監督、コーチ、学生スタッフ〈駅伝主務、学生コーチ、女子マネージャー〉〉だけのライン。

・ライン2……学生だけのライン。

この2つは、年間を通して使われている。ライン3、4は箱根駅伝用に作られた。

・ライン3……全選手、付き添い、計測員、給水員、応援係＋ライン1のメンバー。

・ライン4……1〜10区区間ライン。付き添い、次区間の付き添い、監督、コーチ、沿道に立つ学生、望星寮の本部3名。これは1〜10区まである。例えば1区間のラインは、1区を走る選手の付き添い、2区走者の付き添い、監督、コーチ、沿道に立つ学生、望星寮の本部3名という構成だ。スタート前にラインの着信音が鳴ると集中できないため区間走者は入れていない。

箱根駅伝ではライン3が主に使用される。

各区間には5キロ、10キロ、15キロ、20キロと監督車から拡声器を使った声掛けが許されるポイントがあるのだが、運営管理車がそこに到着する前に西川に一番新しい情報を伝える。

それをもとに監督が拡声器でランナーにタイム差や激励の言葉を伝えるのだ。

鈴木は、付き添い、給水員、計測員、応援係の割り当てと行動日程表を作る担当だった。行動日程表とは誰がどこで何をするのかを記したスケジュール表のことだ。箱根駅伝のエントリー選手16名が発表された後に、まず各区間のタイム計測をするポイントを大枠で決める。前年度、監督からタイムを聞かれたポイントや定点と定点の間が離れているところには計測員を置くようにした。

12月中の合宿などを経て、箱根を走るメンバーが見えてくると、今度は付き添いと給水員について当たりをつけていく。

付き添いと給水員は非常に重要だ。

付き添いはレース前、選手と一緒に行動をする仕事のことだ。例えば復路スタートの6区の付き添いの場合、選手と一緒に箱根の民宿に前泊し、朝のトレーニングから朝食の手配、待機場所入り、待機場所でのアップのサポートなどスタートの瞬間まで女房のように世話を焼く。付き添いは選手のストレスにならないようになるべく気心が知れて、気を使わないでいられる者をつけるようにしている。

給水員は、給水はもちろん、タイムと監督からの伝言、最後に自分の言葉で選手に激励のメッセージを伝えるのが仕事だ。テレビ放映では4年生のランナーに対して同じ4年生の給水員が並走した時など、感動秘話が語られることがある。関係が深い友人や4年間付き合ってきた同期から言葉をもらった方が頑張れるからでもある。給水は、選手にとって最後の力を絞り出すための力水なのだ。それゆえ、選手と関係が薄い学生に給水員を頼むことはしない。頼まれた方も選手になんと声を掛けたらいいのか、わからないからだ。

鈴木は言う。

「今回は区間を走る選手には付き添い候補3名、給水員候補3名を事前に出してもらいました。4年生の春日、國行、川端の3人から希望が出たのは田中、島田、廣瀬、羽生、塩澤稀夕（1年）とかですね。ただ、希望は聞くけど必ずしも希望通りにはいかないことは選手に伝えていました」

今年は付き添いと給水員の選定と配置がギリギリまで続いた。

クリスマスぐらいには、この選手がこの区間を走るだろうということを想定し、付き添い、給水員をほぼフィックスしてあった。だが、両角監督から「いくつかの区間は選手変更を直前に判断したいので、付き添いは補欠選手にしてほしい」という要請を受けた。そのため鈴木は決まりかけた付き添いを給水員や応援係に変更するなど、28日夜中まで調整を続けた。翌29日は、区間エントリーの選手名簿の提出日だが、給水員名簿の提出期限でもあるのだ。

鈴木が悩みながら考え、廣瀬・望星寮寮長らと苦労して完成させた行動日程表は、12月30日のミーティングで発表された。それをもとに1月2、3日の2日間、0区の選手たちが各区間に散らばり、それぞれの役割を全うするのである。

「10キロ、29分21秒、9キロから10キロのラップは3分01秒です」

望星寮のテレビ画面には立会川駅付近10キロのタイムが映し出されていた。

亀田がタイムを読み上げ、ストップウオッチで計測したラップとともに紙に書く。1区は集団走なのでテレビ画面での計測で十分足りる。2区以降は、1位とのタイム差、さらに東海大が前につけている場合は後続10番目ぐらいまでのタイム差、10位前後を走っている時は前後5、6チームのタイム差を計算し、写メし、ラインで送る。

三上嵩斗は、濃い東海ブルーのユニフォームを身にまとい、いいペースで走っていた。ユニフォームは夏までは薄いブルーだったが、2017年に建学75周年を迎える記念事業の一環として胸にTウェーブのロゴが配されたデザインに変更になった。出雲駅伝から使用され、いきなり優勝を飾った縁起のいいユニフォームだ。

三上の1万mの自己ベストは、28分32秒24だ。

1区走者の1万mのタイムは、現在先頭を走っている順大・栃木渡（4年）がトップのタイム（28分19秒89）を持ち、神奈川大の山藤篤司（3年）、山梨学院大の永戸聖《しょう》（3年）、青学大の鈴木塁人《たかと》（2年）が続く。三上は5番目だが、昨秋、出雲、全日本大学駅伝の2つで快走、2017年11月末の1万m記録挑戦会で叩き出した自己ベストタイムからすると、区間賞を取るだけの力を十分持っている。

「六郷橋あたりが勝負になるか」

運営管理車の後部座席にいた西川は、なかなか動かない集団を見て、そう考えていた。

全長21・3キロの1区は例年、六郷橋付近で仕掛けが始まり、最後は猛烈なスパート合戦が繰り広げられる。今年もその様相を呈してきた。1区の区間記録は東海大OBの佐藤悠基（現・日清食品グループ）が2007年の第83回大会で作った1時間01分06秒、その時の10キロのタイムは28分18秒だ。今回はそれよりも1分弱遅いが、箱根はタイムよりも勝利である。

レース展開を予想していると、鶴見中継所の付き添いから、現地は気温6・9度、湿度45％という情報がラインで送られてきた。マラソンは6度から8度が適温だといわれているので、走るのには絶好のコンディションだ。

お互いをけん制しつつ、誰が出ていくのか様子見の状態で大きな先頭集団は15キロまでキロ約3分ペースで走っていた。

川端は、1区の戦いを自分の部屋のテレビで見ていた。三上にはスタート前に「頼むぞ」と熱い思いを書いたラインを送った。すぐに「任せてください。川端さんの思いを持って頑張って走ります」と返信があった。

その三上が先頭を窺う状態で走っていた。

「いいペースだったし、そんなにキツい感じもしなかった。三上、イケるやろって思ったし、その走りに刺激を受けて午前中の練習、1000m2本、しっかりやれました」

翌日の10区でアンカーを任された川端は、軽く刺激を入れる練習を東海大のトラックで行った。往路の選手が優勝目指して襷をつなごうとしている中、川端をはじめ復路の選手は最後の調整をしていたのだ。

三上は気持ちの強い選手で、箱根前はこんなことを言っていた。

「俺、東海大に来て良かった。こんなにいい仲間と出会えて、一緒に練習できて、箱根優勝も狙える。自分の選択は間違っていなかった。だからこそ、箱根で勝ちたい。この素晴らしいチームで勝ちたいんですよ」

三上の思いは、選手の総意である。

今年の東海大のテーマは、「打倒青山学院!」。

目標は、「箱根駅伝優勝」だ。

テーマは、チーム全体が共通して意識できるものとして「打倒青山学院！」を掲げた。青学大は2016―2017年シーズンに出雲、全日本、箱根の駅伝3冠を達成、箱根駅伝3連覇を達成し、学生陸上界において大きな金字塔を打ち建てた。その青学大に勝つためには並大抵の努力ではかなわない。日々の練習から青学大を倒すことを意識していこうということだ。レギュラークラスの選手はレースで青学大の選手に勝つのはもちろん、下位チームの選手でも、青学大の緑のユニフォームを見たら、すぐに名前がわからないような相手に対しても「こいつには絶対に負けない」という気持ちで走る。そうして常に相手を意識し、ひとつひとつのレースにおいて青学大に勝つ。それを続けることで競技力が向上し、青学大に対抗できる力が蓄えられていく。

逆に青学大の良さを取り入れることも試みた。

毎週火曜日の夜、食事が終わった19時40分から30分間、みんなで顔を合わせて、お互いのことについて話をする時間を作った。青学大が選手全員でコミュニケーションを取ることで一体感を生み出していると聞いたからだ。

5、6人がひとつのグループになり、テーブルを囲んで4年生が出したお題についてディスカッションする。最初の頃は、川端が提案した「両角監督のいいところを10個挙げる」とか、「あったら便利なもの」というテーマで羽生が望星寮からグラウンドまでのトンネルを挙げるなど、おもしろいテーマが多かった。だが、次第に関東インカレの具体的な目標スコアや、箱根駅伝の定点ポイント以外の計測地をどこにするかなど、チームについてのテーマが増え、課題や問題を共有していく場になった。

「いいところは模倣して、取り入れていく。ただ、例えば青学が練習で30キロ走り込んでいるからといって自分たちも30キロ走る、というふうにはならない。自分たちで取捨選択して、自分たちのやり方を通して勝ちたいと思っていました」

春日が言うように、東海大と青学大は箱根駅伝に対する考え、さらに練習のアプローチがかなり異なる。

世界で戦うために

青学大は、「箱根駅伝に勝つこと」を最大目標にしている。

チームはタイムと実績でSS、S、A、Bの4つのチームに分けられ、春から夏休みまでのトラックシーズンではしっかりと長い距離を走り込む。夏の選抜合宿では岐阜・御嶽などで起伏のあるクロカンコース、ロードをひたすら走ることで20キロの長距離に耐えられる足を作る。独自のメソッド「青トレ」で練習前後のケアを行い、体幹を強化、さらに持久力と瞬発力を同時に鍛えられるタバタ式トレーニングで個々のレベルを上げている。ここ数年、青学大からは箱根でいきなり爆走する選手が出てくるが、それはこうしたシーズンを通した厳しい練習の賜物である。

一方、東海大は、トラックシーズンはスピードに特化した練習を行ってスピードを磨く。夏以降は長距離を走り、春から磨いてきたスピードを活かして戦うというアプローチだ。

練習は青学大のように全員、同じメニューをこなすわけではない。

チームはS、A、B、C、Dの5つのチームに分かれており、さらに競技種目を1500m、3000mSC（障害）、5000m、1万m、ハーフマラソンの5つに分けている。

チームごとのポイント練習（心肺機能や筋力の向上などを目的とする負荷の高い練習）以外は、種目ごとに練習するケースが多い。

こうした指導は卒業後、世界で活躍する選手を輩出するのが大きな目的としてあるからだ。そのために毎年2月、両角監督は選手全員と個人面談をして、1年間をどう過ごすか話し合う。ひとりひとりの目標とテーマを設定し、自己強化を進めていく。ユーティリティ（中距離から長距離まで多種目をこなす能力）を求め、競技者としての可能性と幅を広げる指導をしているのだ。そのため青学大よりも社会人になってから活躍する選手が多い印象だ。

2018年東京マラソンでMGC（マラソングランドチャンピオンシップ）出場権を獲得した佐藤悠基、昨年の北海道マラソン優勝でMGCを獲得した村澤明伸（ともに現・日清食品グループ）はOBだ。MGCというのは、東京五輪のマラソンに出場する日本代表を決める選考レースのことだ。2019年9月15日に予定されており、このMGCの上位2名が日本代表に選出され、残り1枠は2019年から2020年に開催されるファイナルチャレンジのレース（福岡国際マラソン、東京マラソン、びわ湖毎日マラソン）で設定記録を最速で突破した選手が代表の切符を手にすることになっている。

それぞれの強化策、どちらが正しいのかはわからない。

「勝った方が最強の方法論といわれるんでしょうけど、箱根はあくまでも通過点です。勝負事なので勝ちたいですが、私は、卒業後、彼らが世界で勝てる選手になれるかどうか。そこが本当の勝負だと思っています」

両角監督は、ハッキリとそう言う。

独自の強化策はある程度の結果がともなって初めて社会的に認められるものになる。両角監督のやり方が評価されるためには、まず「打倒青山学院！」を果たさなければならなかった。


「動いた！」

運営管理車の西川が思わず叫んだ。

16・95キロ地点、青学大の鈴木が前に出た。車道いっぱいに広がっていた大きな集団が縦長になった。その後ろを三上、駒澤大の片西景（3年）、東洋大の西山和弥（1年）らが追う。だが、鈴木は後続を振り切れず、集団がついていく。

今度は、17・8キロ地点の六郷橋の上りで東洋大の西山がスパートを仕掛けた。

「三上、ついてけ」

西川は、携帯の動画配信を見ていた。

三上が懸命に喰らいついていこうとする。

だが、西山が前に出るとアッという間に後続の選手が2、3m離された。下りになるとさらに20m以上の差をつけ、独走状態に入った。

三上は2位集団に入り、駒澤大の片西、國學院大の浦野雄平（2年）、日本体育大の吉田亮壱（4年）とともに西山を追った。

望星寮の本部では鈴木らが黙ってテレビ画面を見つめている。

テレビ画面では鶴見中継所が映し出されていた。

「三上がゴールしたら順位とタイム出して、すぐに送るよ」

鈴木が亀田と小池に声を掛けた。

第1区　大手町―鶴見　21・3km
鶴見中継所通過タイム

1位：東洋大　1時間02分16秒
2位：國學院大　＋14秒
3位：駒澤大　＋16秒
4位：日本体育大　＋24秒
5位：青山学院大　＋25秒
6位：神奈川大　＋28秒
7位：東海大　＋32秒
8位：上武大　＋35秒
9位：中央学院大　＋36秒
9位：順天堂大　＋36秒
9位：早稲田大　＋36秒
12位：中央大　＋42秒
13位：拓殖大　＋46秒
14位：大東文化大　＋56秒

15位：国士舘大　　　＋59秒
16位：帝京大　　　　＋01分
16位：山梨学院大　　＋01分
18位：城西大　　　　＋01分02秒
19位：法政大　　　　＋01分05秒
20位：東京国際大　　＋01分39秒
（参考）：関東学生連合　＋02分34秒

第1区区間賞　西山和弥（東洋大）　1時間02分16秒

2区 「キロ3分」の壁

2区は全長23・1キロと、9区に並ぶ最長区間であり、14キロ過ぎの権太坂、そして戸塚警察署前からラスト1キロにわたる急勾配の坂、通称「戸塚の壁」を越えていく難コースだ。一人だけ出走を許されている外国人留学生選手がここに投入されることも多く、各大学のエースが出揃い、高速の展開になることから、「花の2区」といわれている。

三上から7位で襷を受けた2区、阪口竜平（2年）は突っ込んだ走りで前を追った。前を行くライバルの神奈川大とは4秒差、青学大とは7秒差。ハイペースで飛ばす阪口の走りから、西川は「まず前の二人に追いついて、そこから勝負するつもりだな」と感じていた。

2・2キロ地点で阪口は前を行く青学大・森田歩希《ほまれ》（3年）、神奈川大・鈴木健吾（4年）、日体大・城越勇星（4年）に追いついた。西川の読み通りになり、2・87キロでは神奈川大、青学大、國學院大と4チームで2位争いを演じるようになった。

阪口は、3キロで18秒差を縮めたのだ。

「あいつは、無謀にも2区を走らせてくださいと言ってきたんです。その意気に感じて2区を任せました。20キロという距離の不安があるので、どう転ぶかですね」

両角監督は当初、1万mを走った経験も長距離駅伝の経験もない阪口が、コース的に厳しいエース区間の2区を走ることに難色を示していた。だが、11月19日、日本学生陸上競技連合（日本学連）の派遣選手として走った、オランダ・セブンヒルズ（ロードレース15キロ）で結果を出した阪口の「自分に走らせてください」という熱意に押され、また西出コーチ曰く「阪口を育てようという思いもあった」ということで2区の起用を決めた。基本は記録重視だが最終決定の際は選手の気持ちを確認し尊重する浪花節的な起用は、両角監督の采配の特徴のひとつでもある。

阪口は2017年シーズン、非常に成長してきた選手だ。

日本学生陸上競技対校選手権大会（全日本インカレ）5000mで3位、出雲駅伝は1区でトップの快走を見せ、10年ぶりの出雲優勝の立役者になった。全日本大学駅伝は2週間前のポイント練習でタレ（遅れ）て起用を見送られたが、そのことを記事にした時、練習グラウンドで私にサッと近づいてきて、「ムカつきました」とボソッと言ってきた。思いがストレートで大の負けず嫌いな性格だ。

「群れないし、芯がしっかりした自分を持っている選手」と同郷（京都）で先輩の川端が言うように、とにかく走りも考えもブレない。行くと決めたら強気で攻める。

全日本大学駅伝を外された悔しさを箱根にぶつけたかった阪口だが、今シーズンは1万mを走っておらず、長距離に不安を抱えていた。その不安を払拭するためのセブンヒルズ出場だった。その名の通り7つの丘を越える起伏の激しいコースだが、43分36秒で6位に入り、長距離を走れることを証明した。

「セブンヒルズでは昨年の鈴木健吾さんのタイムよりも42秒早く走れたので、箱根に向けてすごくいいイメージができました。そこで外せば『おまえの箱根はない』って監督に言われていたので、絶対に結果を出すのはもちろん、インパクトのあるレースをしないといけないと思っていました。そういうレースができましたし、他大学のエースと勝負しても負けるイメージがわかないので2区を走らせてほしいとお願いしたんです」

手応えを感じた阪口は、自信を持って花の2区を志願したのである。

「横浜駅前8・2キロ、トップの東洋大と28秒差、2位集団の青学、神奈川とは1秒差」

本部からラインでタイム差が送信されてきた。阪口の8・2キロまでのタイムは23分17秒で、ドミニク・ニャイロ（山梨学院大・3年）に次いで2番目に速いタイムだった。

「阪口、今日は日本人トップで走っているから、すごくいいぞっ」

運営管理車から両角監督の明るい声が飛んだ。

西川も「悪くない」と思っていた。

ハイペース気味だが、鈴木と森田との競り合いが続く中、これは仕方ない。これから後半に向けて3分ペースで刻んでいければいい。

「10キロ地点、トップの東洋大との差は29秒」

望星寮の本部から西川の携帯にラインが送られてきた。

鶴見中継所から3秒縮めたが、阪口の口が苦しそうに開き始めた。

11・84キロ、阪口が鈴木と森田から遅れ始めた。

「11・90キロ、2位神奈川と3位青学との差は4秒」

4区で春日の付き添いをしていた田中はラインを見て「(遅れるのが)早いな」と顔をしかめた。まだ10キロ以上の距離を残している。これから権太坂の急坂があり、しかも前を行くのが全日本大学駅伝のアンカー勝負で逆転負けという苦汁をなめさせられた大学トップランナーの鈴木だ。昨年、2区区間賞を取り、今年も狙っているはずだ。失速しつつある阪口はこれからおそらく1キロ3分以上かかる。3区の鬼塚は盛り返してくれるだろうが、それでも4区の春日出走の時までに、トップを走る東洋大と差がどのくらい広がっているのか。少し不安になった。

権太坂で阪口は5位集団の山梨学院大・ニャイロ、早稲田大の太田智樹(2年)、拓殖大のワークナー・デレセ(3年)に吸収された。

阪口の後方についていた管理運営車から両角監督の檄《げき》が飛ぶ。

「まだ前とそんなに離れていないぞ。そうそうそうそう、悪い走りじゃないからな」

少しでも余裕があれば右手を挙げるなりするが、阪口からの反応はない。それどころか、体が左右にブレ始めてきている。

「まずいな」

両角監督の漏らした声に車内の空気が初めてズシリと重くなった。

大学3年からの入部

関原稔記は、13キロのタイム計測地点で阪口が来るのを待っていた。

4年生として最後の箱根は、この2区の計測と4区の春日の応援、明日の7区16キロ地点での計測だった。

今朝は午前6時過ぎに寮を出て、横浜駅経由で保土ヶ谷駅に行き、そこから1・3キロほど歩いて13キロのポイントを目指した。

グーグルマップと提携した箱根駅伝コース地図に地点を入力すると、地図上にポイントが示されるようになっているのだ。選手が走ってくる1時間前にはその周辺の、直線でレースが見やすいところを探し、場所を確保しなければならない。

「選手が通る10分ぐらい前になるといきなり人が増えて、どこから来たんだよっていうぐらい人が重なるんですよ。それで早めに場所をキープしています」

到着後、すぐに本部に到着連絡を入れ、気温、風、凍結などの情報を伝える。手には東海大の名前が入った薄いブルーの幟旗《のぼりばた》を持ち、選手が通過するのをひたすら待つ。その間、送られてくるラインやツイッターで情報を得て、選手を追い、到達時間を予測する。

タイム計測での必需品は幟旗、携帯電話、充電器、カイロだ。

昨年、関原は5区14キロ地点のタイム計測を任された。

山の気温は急速に下がることが多い。その時も気温が低下し、携帯のバッテリーが急激に消耗。携帯の電池が少しでももつように懐に入れて温めたが、それで復活するはずもない。その苦い経験を活かして今回はバッテリーを気にせず仕事ができるように充電器を持ってきた。手持ちにしてきた幟旗は両角監督が乗務する管理運営車が通る時、自分たちの居場所を知らせるための大事な目印になる。ただ、箱根駅伝の規則でガードレールや電信柱などにくくりつけてはいけないことになっている。

2区の定点ポイント以外のタイム計測は3キロ地点、13キロ地点、15・2キロ地点の3か所になっている。それぞれ計測役、幟旗を持ってタイムを本部に送る役の二人一組でタイム計測が組まれている。

10キロを越えた阪口のタイムがラインで流れてきた。

「28分30秒、おぉ速いなって思いましたね。鈴木と森田と競っていたので仕方ないんですが、表情がちょっとキツそうだった。ここから最後までキロ3分で刻んでいくのかと思うと、本当にすごいなって思いました。そのくらいのレベルじゃなきゃ、この舞台に立てないんだなって改めて箱根のレベルの高さを思い知らされました」

関原が、陸上部に入部したのは、大学3年の春だった。

一般入試で工学部に入学後、入部を希望したが1年入学時の5000mの持ちタイムが16分11秒。入部は断られた。

東海大の長距離陸上部の入部条件には5000m14分台、1500m3分55秒以内という設定タイムがある。

関原は東海ACという陸上サークルに所属した。1500mは4分02秒というタイムを持っていたので、まずは1500mの設定タイムを突破することを目標にしたのだ。

1年の時、1500m3分58秒、自己ベストを更新した。

2年の6月、1500mで3分53秒を出し、両角監督に入部を認めてもらおうとしたが許可されず、「5000m15分を切ったら認める」と言われた。

2年の秋の記録は、わずか0・44秒足りなかった。

「悔しいし、悲しいし、もういい加減やめようかなって思いました。でも、陸上部に入るためにここまで頑張ってきたし、周囲の人も応援してくれていたんです。その応援を裏切れないし、ここで諦めたらこれから先、いろんな壁にぶつかった時に逃げてしまう。だから、最後までやろうと踏みとどまりました」

工学部なので1、2年次は授業や課題レポートの提出などが多く、毎日夜9時過ぎまで大学で勉強していた。練習は授業後や授業の合間をぬって走っていた。部員ではないので寮には入れず、アパートでの自炊生活だった。アスリートとしては環境的に恵まれないハングリーな状況に置かれていたが「それが良かったのかも」と関原は言う。「俺には陸上しかない」と雑草魂をむき出しにして練習を続けた。

3年の5月、世田谷陸上競技会（長距離記録会）。この5000mで15分を切れなければ関原は入部を諦めることに決めた。ここで入部できなければ大事な夏合宿に参加できない。夏合宿をこなすことができなければ秋の駅伝シーズンはほぼノーチャンスとなる。今後3年のうちに入部できたとしても実質的には4年からのスタートになる。それでは箱根はワンチャンスしかない。

「ここが最後」と覚悟を決めた走りは、後半もタイムが落ちなかった。

14分54秒24、ついに15分を切ったのである。

監督に喜び勇んで報告をしに行くと、すぐに「入部ＯＫ」になった。

3年になって15分を切るかどうかというレベルであれば、青学大や東洋大では入部を断られるだろうし、単純に箱根を走れるかどうかを考えても相当にハードルが高い。特に東海大は箱根を狙うレギュラーや準レギュラークラスの選手のレベルが非常に高く、競争も厳しい。伸び代が感じられるとしても戦力として計算しにくいだろう。それでも両角監督が学生に門を開いているのは、部活は教育であるという考えが大きいからだ。

「生き方はひとつじゃないということを学生に理解してほしいということです。高校時代から駅伝に強い選手は箱根を目指すわけですが、そういう選手にこそ幅広い見方とか、関原のようないろんな人間がいるんだよということを理解し、受け入れてほしいんです」

両角監督は、大学陸上部は陸上エリートのものではなく、教育の場であり、社会の縮図としていろんな選手を受け入れる寛容さが必要だという考えなのだ。

関原の正式入部は大学3年の6月だった。

「うれしかったのはその瞬間だけ。入部してからはとにかくキツかった。20キロ走は最初、キロ4分で押すのもキツくて、ほんと大袈裟じゃなく死にそうでした。30キロ走に至っては、なんなんだって感じで。でも、夏合宿で足もメンタルもかなり鍛えられて、11月には20キロでキロ3分11秒ペースで押せるようになったんです。これは、もしかしたら来年、箱根の可能性あるかなって思いました」

4年生になった関原が箱根駅伝のメンバーに生き残るために出場を決めたのは、上尾ハーフだった。關をはじめ2年の主力選手が出場しており、奇跡の扉を開くには彼らと勝負してレースに勝ち、存在感を示すしかなかった。

「本当にラストチャンス。最初からキロ3分05秒ペースで突っ込んで入ろうと覚悟を決めてレースに挑みました」

しかし、スタートした選手たちは関原の考える展開よりも速く、3分を切るペースで進んだ。「このままついていっていいのか」と一瞬迷ったが、これで遅れては何も残らないと必死についていった。しかし、強風にあおられて体力が奪われ、徐々に体が動かなくなるのを感じた。10キロ手前で体がキツくなり、先頭集団から離れてしまった。「終わった」と先頭集団の後ろ姿を見つめていると箱根の夢が遠くに消えていき、関原は一気にペースダウンした。

「遅れてからは、目標を見失ってしまい、気が抜けてジョグみたくなってしまいました。やっぱり無理か、もう次のチャンスはないなって……。結局、ひとつも結果を出せずに終わったなと思うと、もう頑張れなかったんです」

ダメもとで挑んだ勝負のレースは、1時間08分15秒で209位。東海大トップの闘とは5分もの差があった。

箱根という大きな目標を見失ったショックが尾を引き、しばらく何も手につかなかった。各自ジョグもグダグダと流して走っていた。各自ジョグというのは、時間やペースを自分で決め、フォームを意識して走ることだ。その1週間後、学内5000mのタイムトライアルがあった。「とりあえず頑張るか」とラクな気持ちで走ったら14分28秒の自己ベストが出た。現金なもので、タイムが出ると練習への意欲が高まった。陸上ランナーにとってはタイムが一番重要なのだ。4年生最後のレースになった2017年12月2日の日体大記録会の1万mでは、29分38秒95と自己ベストを叩き出すことができた。

「自己ベストを連続で出せた時は本当にうれしかったですね。記録が出ると楽しいし、自分は陸上が好きなんだなって再認識ができました。それまで箱根がすべてだったんですけど、そうじゃないんだって思えてからはすごく気持ちがラクになって……。これで陸上競技人生をきちんと終えられるなって思いました」

2017年12月10日、箱根のエントリーメンバーが発表された。

関原は、1万mの自己ベストを出したことで気持ち的に満たされ、落選したことのショックは1%もなかった。誰が入るんだろうというワクワク感でその日を迎え、一人でも多くの4年生が入ってほしいと願っていた。

「箱根駅伝って不思議な大会ですよね。僕は入部できていない時も陸上部に入ることが目標ではなく、箱根を走ることが目標だったんです。入部するまで大変でしたし、何度も諦めようと思いましたけど、箱根っていうだけで頑張れるんですよ。上のレベルの選手にとって箱根は通過点かもしれないですが、自分にとっては陸上競技人生の集大成であり、最大の目標。大袈裟ですが五輪と同じレベルで考えていました。箱根で走ることが自分のすべてだったんです」

13キロ地点、保土ケ谷二丁目信号で関原が阪口を待っているとラインがきた。

「11・84キロ、阪口、遅れる」

鈴木、森田と2位争いを演じていた阪口が遅れ始め、すぐに8mほど離れてしまった。

「またかぁ」

川端はグラウンドでラインを見て、悔しがった。

昨年、2区の闘が権太坂で離され、区間13位に沈んだ。その流れを変えることができず、往路は15位に終わった。その時と状況が似てきているのだ。

関原が計測地点で待っていると阪口がやってきた。

トップの東洋大からは、すでに1分半以上遅れ、2、3位争いの青学大と神奈川大にも1分以上離されていた。逆に山梨学院大、拓殖大、順天堂大、早稲田大に猛追され、10秒程度の差しかなくなっていた。

「キツそうだったですね。でも、追いつかれた後があいつの真骨頂だと思うんで、粘ってほしいなって思っていました」

タイム差を本部に送った。

関原は、そのまま5区の松尾の応援に向かった。5区の山上りは最も厳しい区間なので、

「できれば10キロ以降、500m間隔で応援を置いてほしい」と西出コーチから要望があった。今年は陸上部の人数が少ないので、5区の応援には1区から4区までの計測が終わった選手や応援を終えた選手が行くようにあらかじめ指示されていたのだ。

関原は、東海道線で小田原まで移動したが、小田原駅構内は大混雑で身動きさえ取れなかった。箱根登山鉄道に乗車するのに1時間以上かかるという。本部に「5区の移動が難しい」と伝えると、「4区のラスト1キロ応援に行ってほしい」というラインがきた。小田原駅から2キロほど歩いて、応援の現場に行った。

「松尾の応援は大混雑で行けなかったんですけど、春日の応援ができるのですごくうれしかったですね。復路は國行のタイム計測、終わったら川端の応援に行く予定だったので、これで出場した4年生、全員のレースを見れることになったんで」

関原は、幟旗を持ち、応援ポイントに向かって歩き始めた。

戸塚中継所に阪口が入ってきた。苦しそうにあえぎ、鬼塚に襷を渡した。

「鈴木選手（神奈川大）には絶対に負けたくない」とレース前に語り、11キロ過ぎまでは健闘した。しかし、それまでのハイペースが影響し、後半までもたなかった。それは駅伝ではよくある展開だが、2区が終わってトップと2分以上の差が開いたのは想定外だった。

「10キロ過ぎまでなんとかイケたんですけど、そこからは合宿とかの疲れが出て、体が動かなかった。ピーキングをうまく合わすことができなかった」

阪口は悔しそうに、そうつぶやいた。

確かに直前の富津合宿では、同時期に合宿をしていた青学大と比べても練習量が多く、箱根前とは思えないハードさだった。そうした練習メニューや量を含めて、もともと東海大はピーキングに課題があると言われていたが、阪口の言葉はそれを裏づけるものだった。だとすればこれから4区と5区、さらに復路を走る選手にも影響が出るかもしれない。

両角監督の作戦、3区まで高速の選手を並べた「3段ロケット」のうち、1区、2区はやや不発に終わった。3区の鬼塚が東洋大にさらに突き放されると往路の勝負はついてしまう。

東海大の命運は、2年生のエース鬼塚に託された。

第２区　鶴見―戸塚　23・1km
戸塚中継所通過タイム

1位：東洋大　2時間09分34秒
2位：青山学院大　＋00分22秒
3位：神奈川大　＋00分36秒
4位：山梨学院大　＋00分57秒
5位：拓殖大　＋01分21秒
6位：早稲田大　＋01分22秒
7位：東海大　＋02分09秒
8位：日本体育大　＋02分11秒
9位：中央大　＋02分28秒
10位：順天堂大　＋02分44秒
11位：駒澤大　＋02分56秒
12位：帝京大学　＋03分12秒
13位：城西大学　＋03分15秒
14位：中央学院大　＋03分41秒

15位：法政大　＋03分52秒
16位：上武大　＋03分57秒
17位：国士舘大　＋04分02秒
18位：國學院大　＋04分07秒
19位：大東文化大　＋04分09秒
20位：東京国際大　＋04分37秒
（参考）：関東学生連合　＋09分57秒

第2区区間賞　森田歩希（青山学院大）　1時間07分15秒
D・ニャイロ（山梨学院大）　1時間07分15秒

3区　走り切る

ここ数年、箱根を制した青学大は各大学が手薄になる3区に、力があり、突き放せる選手を置き、勝負を懸けるという戦略を取ってきた。1区、2区は各大学のエース級の選手が並び、それほど差がつかないからだ。実際、3連覇を達成した時は秋山雄飛（現・中国電力）を3区に置き、軽快な走りでトップを行く神奈川大を抜いて流れを変え、総合優勝に結びつけた。

今回、東海大も3区を重視していた。

「鬼塚は、ゲームチェンジャーになれる選手」

ゲームチェンジャーとは、自分の走りで流れを変えるのはもちろん、後続の選手たちの力をも引き出す能力がある選手のことを指す。競技力だけではなく、日々の生活での姿勢を含め、全幅の信頼感を得た選手だけがその役割を担う。

流れを変えられる選手として、両角監督の鬼塚に対する期待は非常に大きかった。

鬼塚はキレのあるラストスパートとスピードが持ち味だ。その力を最大限に発揮させるために、プレッシャーのかかる1区ではなく、気持ち的にラクに走れるように3区に置いた。鬼塚が先頭で走ればさらに後続を引き離せるだろうし、仮に1、2区に多少の遅れがあったとしても取り戻せる計算だった。

「鬼塚、頼むぞ!」

西川は管理運営車の中で、少しでも前との距離を詰めてくれることを祈っていた。おそらく東海大の全選手が「鬼塚が流れを変えてくれるはずだ」と期待していただろう。

3区を走る鬼塚の1万m自己ベストは28分17秒52でトップ。12月上旬の合宿からクリスマス前の富津合宿まで調子が良く、普通に走れば、相手をガンガン抜きまくり、差を大きく開くことができる選手だ。

5・4キロ付近、遊行寺坂のポイントでのタイムが出た。

「トップ東洋大との差、2分26秒」

「開いたなぁ……」

望星寮の本部がザワついた。

東洋大との差が開いていた。思ったよりも鬼塚のペースが上がっていない。1キロ2分55秒ペースだが、前を走る東洋大の山本修二(3年)、青学大のエース田村和希(4年)は2分50秒ペースで行っていた。5秒の差が積み重なって、大きな差になっていく。

レース前、両角監督は、「往路ではなんとか2分以内、最悪でも2分30秒の差なら復路のメンバーで取り返すことができる。それ以上になると相当無理をしないといけないのでひっくり返すのが難しくなる」と言っていた。

復路には一人につき30秒ずつ、2分半のタイム差を縮められる選手の区間配置ができていた。だが、それ以上になるとどこかの区間の選手がリスクを負ってタイムを取り戻そうとする。すると負担がかかり、その反動で失速してしまう可能性が出てくる。

タイム差は、限界域に近づきつつあった。

本当の自分を見てもらう

浜見山信号を越えた10キロ地点には、計測員の兵頭穂高が待機していた。

午前8時、3区10キロの給水地点の集合時間9時45分頃に到着するように給水員の名取燎太（1年）と一緒に自転車で望星寮を出た。片道22キロ程度、約1時間半で現場に到着した。計測はタイムを計り、ラインでタイムを本部に送る二人一組が基本だ。だが、人手が足りないのと兵頭は計測に慣れていることもあり、単独での行動になった。ラインやツイッターを見たり、ラジオを聴いたりしながら鬼塚が来るのを待っていた。そろそろ来るなと思い、ドキドキしていると鬼塚がやってきた。遊行寺坂ではトップの東洋大と2分26秒差だったが、10キロ地点では2分40秒差に開いていた。

「鬼塚は、その時はまだ余裕があったと思うんですけど、けっこう汗をかいていたんでつらくなる前兆が出ていたのかなって」

兵頭は、背中に汗をかいて懸命に走る2年生の鬼塚を見て、2年時の自分の姿を思い出していた。

「えらい違いだなぁって思いましたね。自分が2年の時は、故障と治療の繰り返しでした。入学の時から腰痛で走れず、夏合宿からの合流で、その後も故障と治療の繰り返しで長期的に満足な走りができなかった。大学の質量のある練習についていけず、2年間はそんな感じでした。監督からも『おまえ、何回同じこと繰り返しているんだ。ダメだろ』って言われて、かなり焦っていました」

3年になると鬼塚ら「黄金世代」が入部してきた。

部全体のレベルがグッと上がり、その中にいれば今、自分がどういうポジションにいるのかは容易にわかる。3年の夏には、彼らのタレントのすごさをまざまざと感じ、4年になった時の自分の姿が見えてしまったという。

「もう箱根は難しいなって思いました。鬼塚、闞とかすごい選手が入ってきて、来年もまた強い選手が入ってくる。箱根を走るには1万mで28分台、5000mで13分台のタイムを持っていないと厳しい。それは自分の自己ベストからは遠いタイムですし、出せる力もない。箱根を走る10人に入ることがまったく想像できなかった。だったらもういいやって逃げてしまったんです」

　それからは走ることよりも就職のことを優先した。母子家庭のため地元で安定した職業に就きたかったので公務員試験を受けるために練習を休んで学校内の勉強会に参加した。3年の秋には、部内における自分の存在が無意味に思え、もう走るのをやめようと思った。

　その気持ちを両角監督に伝えに行った。

　監督は、兵頭の顔を見て、少し考えて、こう言った。

「最後、地元のレースに出てみなさい。それに出ないならやめなさい」

　監督は、2016年12月3日愛媛県長距離記録会（1万m）への出場を提案してくれた。

　だが、今さら地元のレースを勧めてきた意図が、兵頭にはわからなかった。

　両角監督は言う。

「地元のレースに出る選手は多いし、呼ばれていくこともあるんですが、恰好いい自分を見せてやろうという選手がほとんどで調子の悪い時は帰りたがらないんです。弱くなった自分を見せるのは恥ずかしいと思うのは、それまでの自分の取り組みが恥ずかしいから。一生懸命にやってきたら結果がどうあれ堂々と走れるはずなんですよ。兵頭は100％の取り組みをしてこなかったし、卒業後、地元に帰ろうとしていた。東海大で立派になってという期待の中で帰ると彼はみじめな思いをすると思ったので、本当の自分を見てもらった方がいい。あえて恥ずかしい思いをさせることの重要性を感じたので、地元のレースに出ることを勧めたんです」

これは両角監督が実践する「出口教育」のひとつだ。4年間、本当の自分と向き合ってきた選手は正しい選択ができるが、仮面をかぶったまま世の中に出ていこうとする学生にはあえて厳しいボールを投げて本当の自分に気づかせるのだ。

兵頭はその夜、愛媛にいる母親に電話で相談をした。

「やめてほしくないな」

母は、そう言った。

「母は、一度決めたことは最後まで投げ出してほしくないなっていうのがあったんだと思います。それでやめることを前提に考えるのはやめました。4年間続けることに意味があるのかなって思ったし、レース前、同期の小林、垂水、島田が『走りに行こうぜ』って誘ってくれたんです。それがすごくありがたかったですね。一人だとなかなか前に進めないけど仲間がいてくれたんで、みんなと一緒に最後までやろうと決心することができたんです」

地元でのレース結果は33分台でさっぱりだったが、それが今の自分だとわかった上で「続けよう」と決心することができた。しかも、レースのため帰省した時、高校時代の恩師から連絡があり地元の愛媛銀行を紹介してもらえることになった。

走りつづけることが最終的に就職にもつながったのだ。

大学に戻り、「続けます」と監督に報告した。

「そうか。自分で決めたことだからしっかり最後までやり切れ」

優しい声で、そう言ってくれた。

4年になり、就職が決まって焦りもなくなり、余裕が出てきた。

そして、新たに3寮の寮長を任された。忙しくなったが責任のある仕事に就き、充実した毎日を送れるようになった。するとおかしなもので故障をしなくなり、普通に練習ができるようになった。あとはいつ箱根を走る選手たちのサポートに回るのか。そのタイミングを考えていた。箱根は3年の時に諦めていたが、走ることはなかなか諦め切れていなかった。

「最初は、12月の国士舘大の記録会か、もしくは上尾ハーフが最後かなって思っていたんです。でも、夏合宿で練習には出てはいたけど後輩を引っ張ることができなかった。これじゃ練習に出る意味がないので早めにサポートに回ろうと。監督からも『サポートを頼む』って言われていたので、10月の高島平のレースを最後にしたんです」

第42回板橋区・高島平ロードレース大会（高島平ロードレース）で、兵頭は楽しく走ることができた。優勝は同期の川端千都で59分30秒、兵頭は1時間09分18秒で79位だったが、気持ちは爽快だった。

「やり切れた。やめないで良かったなって思いました」

ゲームチェンジャーの役割

12キロ、茅ヶ崎の定点ポイントでのタイムが出た。

「東洋大との差は2分45秒差、5位拓大とは21秒差」

本部から選手全員にラインが送られた。

鬼塚は12キロの手前で日体大の三原卓巳（3年）をとらえて6位に上がったが、遊行寺坂のポイントから東洋大にさらに19秒離され、このままいくともっと差が広がりそうになっていた。本部のテレビ画面にはトップの東洋大・山本と2位の青学大・田村和希の激しい首位争いが映し出されていた。鬼塚は日体大を抜いた時にチラッと出た程度だった。テレビは優勝争いがメインになり、他選手には順位が変わる瞬間やアクシデントがあった時ぐらいにしか切り替わらないのだ。

今年は、画面にずっと映っているはずだったのに……。

鈴木すみれは、そんなことを思いながらテレビを見ていた。

東洋大・山本の快走が叫ばれるごとに本部の空気が重くなった。トップからチームがどんどん離されていくことを意味するからだ。「まだ3区だから焦らなくても」と思われるかもしれないが、駅伝には目に見えない「流れ」がある。いいタイムで襷をつなぐことができれば、次の選手も気分的にノッて走ることができる。すると好タイムが生まれ、さらに後続を引き離すことができる。その「流れ」は区をまたぐたびに太くなり、よほどのアクシデントがない限り、途切れることはない。そして、その先に勝利が見えてくる。「流れ」というのは、それほど大きいものなのだ。

しかし、タイム差が開いた中で襷をつなぐとどうなるか。

選手は前との距離を詰めようとして突っ込んだ走りになる。そうするとガス欠になって終盤に失速し、さらにタイム差を広げられることになる。いわゆる「駅伝の悪循環」だ。東海大は、最悪なことにその流れにハマりつつあった。闘が不在ゆえ、その流れを変える走りをもう一人のエース鬼塚に期待していたのだが……。

鬼塚は、6位で平塚中継所に入ってきた。

精根尽き果てたのか、春日に襷を渡すと、その場に倒れ伏した。いつもはスマートな走りを見せる鬼塚だが、春日は「あんな、いっぱいいっぱいで、しかも道路に倒れ込む鬼塚は珍しかった」と驚いた。そのくらい苦しい走りだったのだ。

鬼塚は区間3位だった。だが、タイム的には区間2位の青学大・田村に48秒差をつけられ、逆に区間4位の早稲田大・光延誠（4年）と4秒差だった。

「4位に近い区間3位ではゲームチェンジャーとして物足りない。今ひとつ伸び悩みましたね」

スピードに長けた選手を前半3区間に置いた、両角監督自信の「3段ロケット作戦」は、理想的な軌道を描けずに終わった。

第3区　戸塚―平塚　21・4km

平塚中継所通過タイム

1位：東洋大　3時間11分51秒
2位：青山学院大　+46秒
3位：早稲田大　+02分38秒
4位：神奈川大　+02分40秒
5位：拓殖大　+03分12秒
6位：東海大　+03分21秒
7位：山梨学院大　+03分45秒
8位：中央大　+03分53秒
9位：順天堂大　+04分11秒
10位：駒澤大　+04分37秒
11位：城西大　+05分25秒
12位：帝京大学　+05分26秒
13位：法政大　+05分27秒
14位：國學院大　+05分30秒

15位：日本体育大　＋05分33秒
16位：大東文化大　＋06分16秒
17位：中央学院大　＋06分48秒
18位：上武大　＋07分22秒
19位：国士舘大　＋08分43秒
20位：東京国際大　＋09分24秒
（参考）：関東学生連合　＋15分14秒

第3区区間賞　山本修二（東洋大）　1時間02分17秒

4区　指導者

付き添いの仕事は、ボクシングのセコンドのようなものだ。

この日、田中将希は午前5時起床。5時30分から春日千速の朝練習に付き合った。20分ほどでジョグを切り上げ、着替えて午前6時半に朝食を一緒に摂る。望星寮からスタート地点の中継所が近い選手は、両角監督の自宅に行き、奥さんの手料理を食べてエネルギーを蓄える。田中は春日以上に食べ、最後は正月らしくお餅で締めた。

午前8時過ぎに寮を出ると20分程度で平塚中継所に到着。1時間ほど春日は音楽を聴いたり、田中とたわいもない話をしたりして過ごす。春日は1週間前からレース日の生活リズムに体を合わせることをルーティンにしていた。レース開始時間から逆算して起床時間やアップする時間を決めて、生活するのだ。

スタートの1時間20分前に春日がアップを始めると、テレビクルーが近づいてきたり、ファンが写真やサインを求めてきたりする。田中は、心優しい春日を守る。

「鬮とかはレース直前まで話をしていたいタイプですが、春日は一人で集中したいタイプ。

でも、ファンとかが来ると優しいんで対応しないといけないかなって思ったりするんですよ。それがわかるし、そんなことでレース前に春日の気持ちが乱されるのは嫌なので、ファンには僕が『すいません』って言って集中できるようにしています。春日に限らずですが、レース前の走る環境作りは付き添いの大事な仕事なので」

田中が春日の付き添いをするのは、2度目だった。

前回は2年で、2区を走った時だった。

「あの時は、僕も春日もレース前に舞い上がってしまった。レース前の待機場所で選手と付き添いだけが入れる場所があるんですけど、そこには東洋の服部勇馬さん（現・トヨタ自動車）、青学の一色恭志さん（現・GMOアスリーツ）とかすごいメンバーがいて、しかもすごいピリピリしていて付き添いの僕が呑《の》まれるほどでした。走る直前、春日が『頭が真っ白だ』と言っていたので、『やばい、なんとかしないと』と思ったんですが、そのままレースに行ってしまった。僕は春日の気持ちを落ち着かせてやることができず、満足のいく走りをさせてあげられなかった。そこはすごく反省しましたし、ずっと心に残っていました」

今回、春日からの付き添い依頼を引き受けたのはもちろん友人だからだが、2年前の借りを返し、春日をいい状態で送り出したいという気持ちがあったからだ。

春日とは1年の時、同じ理学部ということで授業が同じになることが多く、それからよく話をするようになった。春日はスポーツ特待生で将来も走りつづけることを目標にしていたが、田中は高校の指導者志望だった。東海大に入学したのも監督が決め手だった。佐久長聖高校を全国高等学校駅伝競走大会（都大路）の常連校に育て、大迫傑《すぐる》（現・ナイキ・オレゴン・プロジェクト）ら優れた選手を生み出した。若い選手を伸ばし、育成するノウハウに興味があり、チームの作り方や指導法、練習方法など、両角監督から学べる部分が非常に大きいと感じていた。

田中は、Dチームからスタートした。

故障と治療を繰り返し、大会では結果が出ず、そんな状態で2年が過ぎた。上級生になった時に箱根を走れたらいいなと考えていたが、自分の力が上がらず、3年になって、「黄金世代」の1年生が入ってくると、箱根がさらに遠のいたように感じた。

「トップレベルのすごい選手が入ってきたんで正直、キツいなと思いました。それでもやめようとは思わなかったんですが、目標を見失うと苦しいんです。両角監督からは『悲観的にならず、常に考えて行動しなさい』と言われていたんですが、なかなか気持ちを維持するのがしんどくて……。ただ、故障したり、苦しい思いをした経験は自分が指導者になった時に生きてくる。そう思うようにしてなんとかやっていました」

4年になるとアキレス腱痛が悪化し、4か月間まともに走れない日々が続いた。10分もまともに走れない状態ではチームのためにならない。この状況で自分のことばかり考えても仕方ないと思い、現役を引退して裏方に回ろうかなと考え始めた。

そのことを廣瀬に相談し、春日にも聞いた。

「アキレス腱痛が引かないし、どっかの大会を節目に裏方に回ろうかなと思うんだけど、どう思う？」

「それはおまえが教員になる時、役立つと思うんで、いいんじゃないか」

春日にそう言われたが、まだ迷っていた。

両角監督からも10月の高島平ロードレース前に「裏方に回ってくれないか」と言われていたのだが、なかなか決心がつかなかった。

「監督に言われた日は、一晩考えましたね。そうしてもいいかなって自分の中で思っていてもいざ監督に言われると重みが違うし、やっぱり走りたい自分がいる。でも、現実的には走れない状態なのだから、どこかでけじめをつけないといけない。高島平を最後だと思って出場し、完全燃焼して自分の中で納得できたら裏方に回ろう。それでも諦め切れない場合は監督に最後までやらせてくださいと言いにいこう。そう決めました」

最後と決めた高島平ロードレースは1時間08分27秒、76位だった。だが、走り終わった後、その時の自分の力をすべて出せたと思えた。

「結果が出たし、割り切って裏方に回ろうと決断しました。6月に母校である遊学館高校の教育実習に行って、指導者になる決心が固まった。来年から指導者としてレースの舞台に立つのであれば、監督とスタッフの関係とか、もっと学ばないといけないものがあると思ったので」

裏方に回ると決めた時からアキレス腱痛が徐々に消えていった。故障などの悩みから解放され、気持ちがラクになったせいか、調子が上がっていった。練習でも後輩たちを引っ張って走れるようになった。「そこまで走れるなら最後まで走りなさい」と監督に言われ、新たにDチームの選手の面倒を見ることになった。

春日に報告すると、「頼むわ」といつものように無表情で言われた。それも春日らしく、田中には頼もしく思えた。

4区の出走の時間が近づいてくると、春日から「背中にファイテンシールを貼ってほしい」と言われた。前日から少し背中が張っていたようなので、軽くマッサージをして、シールを8枚、背中にペタペタと貼った。待機場所からスタート地点まで100mぐらいあるのだがファンの数がすごいのでガードマンのように春日を守って歩いていく。その間、自分がピリピリしてしまうと、それが春日に伝わってしまうが、2年前の経験があったのでうまく対処して通り抜けた。

最終コールがあり、いよいよ出走の時間になった。

多くの言葉を掛ける必要はなかった。下手にいろいろ言うと春日の負担にもなる。

「いつも通り、練習でやっているようにすればいいよ」

田中は、サラッとそう言った。

春日はニコッと笑って、グータッチをした。

「いってらっしゃい」

田中は最後にもう一度、声を掛けた。

「大学2年の時、2区を走った時よりもいい緊張感を持ち、いい状態でスタートラインに立てたと思います。あいつの背中を見送ると、なんかジーンときました。春日との長い付き合いのこともありますが、これで中学の時から始まった陸上人生が終わり、自分の箱根が終わったんだなぁって実感したので」

田中は春日の快走を祈りつつ、走り終えて疲弊した鬼塚を抱えて待機場所に戻っていった。

走れなかった5区

鬼塚から襷を受けた瞬間、春日は、「あっもう（箱根が）始まってしまうんだ」と自分を俯瞰《ふかん》する感覚でスタートしたという。

「始まる前は早く走りたいなっていうのと早く終わってほしいなという両方の気持ちがごちゃまぜになっていたんですけど、いざ走るとなると、もう走るのって感じで、すごく冷静な自分がいて、変な感じでしたね」

春日は、これで4年連続4回目の箱根駅伝になる。

1年の時は、8区。2年の時は、2区。3年の時は、8区を走った。

一番印象に残っているのは2年の時にエース区間の2区を走った時だ。箱根本番の1か月前に「2区を任せるかもしれない」と両角監督に言われた。それから春日はそのことを意識して調整し、プラン通り2区を走ることになった。

「初の2区ですし、レース当日、周囲を見ると各大学のエースの選手ばかりいてかなり緊張しました。なかなか集中することができず、あーこれから自分がここを走るんだってぼんやりしていたんです。そんな精神状態でいい走りができるわけがなく、ボコボコにされました」

春日は、1時間10分23秒で区間15位、17位で襷を渡した。

そのまま寮に戻ってきて、仲間たちの顔を見ると「エース区間を任されたのに申し訳ない」という思いが込み上げてきて、涙が止まらなくなった。同期の川端が「俺が取り返してやるよ」と春日を慰めてくれたが、翌日、7区を走った川端も、1時間05分55秒で区間12位に落ち込んだ。

このシーズンは、3、4年生の故障者が多く、春日、川端ら下級生がチームを引っ張ってきた。実際、2年だった春日、川端、1年だった湊谷の3人は出雲、全日本に出場するなど、箱根でも活躍が期待された。しかし、返り討ちに遭い、3人とも通用しなかったことが春日はショックだった。

「がーんって感じでしたね。2年まで川端が学年では1番手で、僕は2番手に甘んじてきました。2番手ですけど主力として走れてきたことに少し安心していたところ、箱根の2区では全然通用しなかった。自分が3年になる年には鬼塚、關という強い1年生が入ってくると聞いていたんで、このままじゃダメだ、もっと強くなりたい。受け身だった自分がなんとかして生き残っていきたいと前向きに考え、動くキッカケになりました」

3年になった春日は、故障している期間も長かったが腐らずに練習し、ケアの時間をしっかり取って調整した。その結果、箱根は8区を走り、区間5位と健闘。往路では15位と惨敗し、一時はシード権を失うことも覚悟したが、春日と川端ら復路のメンバーが巻き返し、10位に滑り込んでシード権を確保することができた。

ラストシーズンは5区の準備をしていた。

もともと上りは得意だった。そのため積極的に山上りのメニューを入れ、山上りに必要な体の使い方、足の運び方を習得した。夏合宿に長野・白樺湖で行った15キロの上り練習では1分前にスタートした西田をとらえ、大差をつけるなどスピードもついた。箱根制覇の懸案だった5区に春日がハマれば、6区の中島とともに特殊区間が計算できる。野球の打順は4

番バッターがハマると打順がおさまり、隙のないオーダーが組めるが、駅伝も同じで2区、5区、6区がハマれば盤石の区間オーダーが組める。

〝春日5区〟は東海大が箱根で勝つための必勝オーダーだったのだ。

ところが9月、北海道・紋別での選抜合宿中、左大腿部疲労骨折が判明し、戦線離脱した。春日にとっても東海大にとっても、あまりにも痛い故障だった。

「故障は自己責任です」

両角監督は、キッパリとそう言う。監督の提示するトレーニングをするのが選手の使命であり、故障はそれができなくなるということ。その時点で「選手失格だ」というのだ。そうならないように日常生活から選手には自己管理が求められる。選手はプロアスリートではなく学生なので意識の差もあり、全員が自分を厳しく律するのは難しい。だが、練習前後のアップやダウンに時間をかける、食事をしっかり摂るなど、故障しないために何をすべきかというのは陸上をしている以上、考えなくてはならない。

東海大では週2、3回、トレーナーが寮に泊まり、選手の故障のケアやマッサージなどをしている。だが、ドクターはいない。プロではないし、予算もないので故障した場合はトレーナーに診てもらい、骨折や靭帯損傷などの疑いのある場合は、レントゲンやMRIを撮るために病院に行く。どこの大学も概ね、そういう体制だ。あくまで部活ゆえにプロのような手厚いサポートは望めないのが現状だ。

ただ、東海大の場合、日本でもトップランクの長距離選手を治験できる優位性を活かし、大学の研究室と連動した科学的なアプローチが進んでいる。血液検査をはじめ、心拍数、動脈血酸素飽和度（SpO2）、最大酸素摂取量（VO2MAX）などのデータを取り、コンディション調整など競技に活かしている。

両角監督は、それらのデータをベースに選手と話をすることも多いという。

「レースはコンディションで大きく変わります。室内で取ったデータは優位性があって、例えばレースで結果は出なかった場合でも、『室内データではこんなに良い数字が出ている。絶対にイケるよ』と言うと選手は安心しますね。自分は力がないわけではなく、コンディションの問題だったと理解できるので」

とはいえ、故障はランナーについてまわるものだ。

東海大では主力の春日をはじめ、多くの選手がさまざまな故障に苦しんでいた。ランナーの故障には「外傷」と「障害」があるが、捻挫や骨折などの外傷はその箇所を治療すれば完治できる。だが、アキレス腱痛のような障害はやっかいだ。原因を突き止めて治療しないと、再発してしまうからだ。

故障した場合、選手は故障した痛み同様に精神的に落ち、ストレスを抱えることになる。春日は、「みんなに迷惑をかけたこと、箱根を走れなくなる恐さ」に2、3日間ひどく落ち込み、気持ちが前向きに戻るまでさらに数日間を要した。リハビリは焦らず、慌てず、気持ちが先走るのと格闘しながら地道にこなしていった。だが、思うように回復が進まず、投げ出しそうになる時がある。そういう場合、東海大ではリハビリする選手を孤立させないように周囲の選手がうまくサポートし、気持ちを切らさないようにした。チーム全員で故障者を支えられるチームは強い。一人じゃないんだという気持ちが、リハビリ中の選手の心に響く。早く治してみんなのために走ろうという意識になり、それが完治を早めてくれるのだ。

一方で「蚊に刺されたような痛みで走れないという選手が多い」と両角監督は嘆く。痛みは選手本人にしかわからない。4年の場合、最後の箱根挑戦になるので、医者の言うことをうのみにして競技人生を終わらせるのか、それとも腫れていようが折れていようが走れれば挑戦するのか。両角監督はできるだけ走るチャンスを自ら捨てるべきではないという考えだが、最終的な判断を下すドクターは選手自身になるのだ。

裏目に出たマイペース

春日は、2017年11月の世田谷ハーフでレースに復帰したが1時間07分09秒と思うようなタイムを出せなかった。その後、東海大の記録会に出場し、熊本甲佐10マイル公認ロードレース（甲佐）に出場した。

「12月3日の甲佐のレースは『キロ3分基準でどこまで走れるか』というのを監督に言われ

ていたんです。実際、16キロの距離で見ればギリギリ3分ペースに収まっていたんですが、10キロで失速してしまって……。箱根の10キロで失速すると残り10キロは軽く3分を超えてしまう。その時点では箱根を走るレベルではないことを自覚して、監督にも伝えました」

春日の冷静な決断を両角監督は受け止め、こう告げた。

「今の段階では、おまえをエントリーに入れるつもりだ。経験もあるし、山の準備もしてきて、いろんな区間を走れる。しっかり箱根に合わせなさい」

5区は山上りがメインの特殊区間ゆえ、上りの練習を継続的にしていないと走れない。しかも上りの練習はハードなので体や足のダメージが大きく、故障上がりの春日の体にかかる負担がかなり大きい。そのため5区は断念せざるをえなかった。スピードを含め往路を走るだけの力がまだなかったので、復路平地をターゲットにして練習に集中した。

12月中旬、川端ら、足に不安を抱える選手が出てきた中、春日は順調に不安なく走れるようになっていた。「なんか往路も見えてきたって感じになりました」と、自分の走りに手応えを感じていたのだ。春日が4区を言い渡されたのは12月20日だった。その直前に行われた3000mのポイント練習をしっかりこなせたからだ。

取材に行ったクリスマスの富津合宿でも「いい感じで練習ができていますし、不安要素は何もないです」と、明るい表情を見せていた。24日には母校の佐久長聖高校が全国高校駅伝で9年ぶりに優勝し、「いい刺激をもらいました。次は自分ら、ですね」と気持ちが入った様子だった。川端の故障はまだこの時点では見抜けなかったが、主将・春日の復帰はチームにとってこれ以上ない朗報だった。

春日は、襷をかけるとサッと駆け出していった。

いつものように歩道に近いコースを取る。これは春日の癖だった。学校周辺を走っていると歩道に寄りすぎて、たまに看板に衝突してしまうこともあった。

5位の拓殖大との差はわずかに9秒差。

拓殖大の西智也（4年）の1万mの自己ベストは4区区間走者の中でトップの28分45秒44、春日は29分05秒39で全体の7位だ。持ちタイムだけでいえば20秒差があり、厳しい戦いになるが、箱根は何が起こるかわからない。タイムを持っていてもタイム通りの走りができるとは限らないのだ。

8・9キロ、二宮ポイント。平塚中継所では5位の拓殖大と9秒差だったが、ここでは26秒差に広げられていた。

10キロの町屋バス停付近、運営管理車の両角監督から声が掛かる。

「春日、あまりいいタイムで来れていないぞ。もうちょっとペース上げよう」

前との差を詰めるどころか、離されている状況になったが、春日は冷静だった。

「襷をもらった時から東洋、青学、神大は往路では捕まえ切れないと思っていました。流れが悪くなってしまった時は自分のペースに徹するというのが自分の中に高校の時からあったので無理はしないようにしていました。一番最悪なのは焦って突っ込んで最後に落ちて、次の選手も同じく焦って突っ込んで落ちるという連鎖なので、慌てないように考えてスタートしたんですが……」

主将の慎重な走りが、この時点では少し裏目に出ていたようだった。

4区、春日とともに走る

15キロ地点、連歌橋信号の給水地点では、廣瀬泰輔が春日の到着を待っていた。

廣瀬は、春日、川端とともにスポーツ奨学生としてスカウトされて入学してきた。大学は高校とは異なり、別世界だった。上下関係がさほど厳しくなく、自由な雰囲気で、「自分が動き出せばたくさん成長できる」と4年間が楽しみになった。

だが、練習が始まるとレベルの違いに愕然とした。

高校時代、練習量がそれほど多くなかったせいか、大学の質の高い練習についていくのがやっとだった。体ができていない中、ついていこうとするので故障する。気持ちばかり焦った。両角監督からは「春日も川端も前線で戦っているのに、今、おまえは休んでいる場合じゃないだろ」と檄を飛ばされた。しかし、練習〜故障の負のサイクルが止まらず、2年になると春日、川端との差はますます開いていった。

「高校の先生に『3年から箱根を走れればいいよ』って言われていましたし、大学では両角先生の言う通りにやっていれば勝手に3年目に花開くんだろうって考えていたんです。でも、故障を繰り返し、春日や川端にどんどん差をつけられて届かない距離になって……」

彼らが2度目の箱根駅伝出場を決めた時は「もう追いつくのは無理だな」と悟った。

3年の時、転機が訪れた。

「望星寮の寮長をしてほしい」

両角監督にそう言われたのだ。競技で自信を失っていた廣瀬は、部内でも下級生を練習で引っ張ったり、生活面で指導したりすることができなくなっていた。自分の居場所を見つけ、自分を変えられる最後のチャンスと思い、引き受けた。

「鬼塚、關、羽生とかは1年の時からブイブイ言わせていたんですけど、自分は練習で引っ張ることができず、生活指導でも何も言えなくてちぢこまっていたんです。でも、寮長になり、言わないといけない立場にしてもらって、あいつらの後ろにある5000mや1万mの記録を気にせず『掃除しろ』『挨拶しろよ』とか言えるようになって。それで気持ちがガラッと変わり、競技も前向きにやれるようになりました」

また、いろんなことを見て、感じたことを寮長として伝えていると、高校時代の自分を思い出したという。

「寮長になって気づいたことを言ったりしていくと練習の時も、この練習にはこういう意図があるのかと気づいたり、両角先生の考えはこうなのかとか考えてやるようになったんです。でもそれって実は高校時代にしていたことなんです。そうやって考えて練習するようになると徐々に調子を取り戻すことができてきたんです」

春日や川端には届かないが、やる気は漲《みなぎ》った。

しかし、4年の夏合宿は途中で故障、80％程度しか練習を消化できなかった。その結果、出雲、全日本のメンバーから漏れてしまった。春先からずっと全日本大学駅伝では松阪市の実家があるあたり、6区か7区を走りたいと努力してきたが、その夢は果たせなかった。

「後悔は相当でしたね。毎回、次こそって思うんですが、上のレベルの選手の絶対に走るぞという気持ち以上のものを、自分がリアリティを持って出し切れていたかというと、足りなかったと思います」

箱根は、まだ最後のチャンスが残っていた。

上尾ハーフだ。だが、なかなか調子が上がらず、いいタイムを出すことも勝つこともほぼ諦めかけていた。毎年、この大会は両親が見に来てくれていた。今回も1週間前に「見に行くよ」と連絡がきた。もはや箱根に絡むレースにならないことを自覚した廣瀬は、両親に「レースはダメだと思うんで、来なくていいよ」と弱音を吐いた。

すると、父親からそれまで3年間、聞いたことがない檄が飛んだ。

「おまえにとって箱根がゴールかもしれないが、それがあるとかないとかでレースを諦めるというのはおかしな話だろう。スタートラインに立ったら結果はどうあれ、全力でやってゴールしろ」

箱根が難しい以上、上尾を走ることすらやめようとした廣瀬だったが、父の言葉に奮起し、レースに出た。

1時間09分06秒。フィニッシュ数4677人中250位だったが、走り切ったことで自分の中でけじめがついた。

廣瀬は給水員に決まった時、春日とこんな話をしていた。

「何年か前に、早川さん（早川翼〈現・トヨタ自動車〉）がなかなか給水を返さず、村澤さんをずっと走らせたり、青学大の給水が渡すフリをして1回引いてふざけたりしたのもあった。どれでいこうか」

二人で給水作戦をいろいろ考えていたという。

給水所では、「給水」と入った白いビブスを着て、片手に水、片手にスポーツドリンクを持つ。両方とも給水場所で運営本部の係からもらうことになっている。大きなマラソンレースのように選手の好きなドリンクを用意することはできないのである。

東洋大、青学大の選手たちが見えてきて、給水員が出ていった。春日が徐々に近づいてくるのを感じると妙に緊張し、手に汗が滲《にじ》んできた。同時に選手たちが、この緊張感の中、20キロを走っていると思うと改めて、「すげえな」と思った。

春日が小さく見えてきた。

給水で一番に伝えないといけないのは、まずタイム差。

そして、春日を勇気づける言葉だ。

春日がやってきた。少し、キツそうな表情をしていた。

「拓大とのタイム差は38秒差、トップ東洋とは3分56秒差」

タイム差は伝えた。

おもしろい給水作戦を考えられず、せめて春日に何か感動するようなことを言ってやろうと思ったが、その瞬間、何も思い浮かばなかった。

「春日！」

春日がこっちを向いた。

「ごめん！　何も思いつかなかった。頑張れー！」

春日は苦笑し、グッとガッツポーズを取った。

「春日とけっこう並走したんですけど、あいつら、こんなところで戦っているんだなぁっていうのが感じられたし、一緒に走れたことがほんとうれしかった。春日、俺を給水に選んでくれてありがとーって感じでした」

廣瀬は、名残惜しそうに春日の背中を見つめながら給水ポイントに戻っていった。そしてラインにこう書いて本部に送った。

「表情にゆとりあり。この先、得意の上りがあるので力を出し切ってくれると思います」

監督の期待に応えるために

春日は、15キロ過ぎの給水までは、自分のペースでタイムを刻んでいた。

前を走る拓殖大や早稲田大との差がなかなか詰まらなかったが、ラスト3キロぐらいにペースを上げられれば区間順位を上げられると思っていたのだ。

そして、16キロを越えた酒匂《さかわ》橋あたりからペースを上げようとした。

「でも、上がらなかったんです。上げようとしてもダメで……。ペースを上げようとしたダメージだけが残ってしまった。どうしよ、どうしよって焦ってばかりで、すごく苦しかった」

春日の失速は、管理運営車から見ていた両角監督も感じていた。

「春日、まずいぞ。このままだと区間二桁に落ちるぞ」

両角監督の声が胸に突き刺さった。

監督のために、という思いは人一倍強かった。

大学3年の時はスタートから故障して約4か月間、満足に走れなかった。だが、9月のミーティングで現時点での箱根メンバーという資料が配られて、箱根8区に自分の名前が書いてあるのを見つけた。

「ミーティング中だったんですけどヤバかったです。思わず泣きそうになりました。夏合宿は練習していないですし、箱根に間に合うのかも怪しい。それでもこれだけ信用してくれているんだって思うと、そこから考えが変わりました。自分が結果を出したいと思う以上に、監督の信頼に応えたいというのが自分が走る上での原動力になったんです」

その時は、8区を走り、区間5位と監督の期待に応えることができた。

今回も9月に左大腿部の疲労骨折が判明したが辛抱強く、自分の復帰を待ってくれていた。しかも、復路ではなく、往路に起用してくれた。

往路は唯一横並びでスタートし、走る中で相手との駆け引きが求められ、かつ積極的に仕掛けられる力のある選手が求められる。勝負の流れを決める大事な5区間だ。一方、復路はトップチーム以外は遅れたタイムの挽回がメインになり、単独走が多くなる。相手がいない方がプレッシャーを感じず走れるタイプは復路に配されるケースが多い。求められる選手のタイプが異なるが、総合優勝の趨勢《すうせい》を決めるのは、往路だ。前半で大差がつくと復路に行く前にレースが終わってしまうので、各大学ともに1区から5区までにエースや力のある選手を配してくる。昨年、93回大会から4区は18・5キロから20・9キロになった。2・4キロ長くなったことで今や準エース区間といわれる4区に春日は起用されたのだ。

だが、今回、監督の期待に応えることができそうになかった。

懸命に腕を振ってもペースは上がらず、春日は自分の大きな体を持て余していた。「申し訳ない」という気持ちだけが胸の中で膨らんだ。

小田原中継所に入っていくと5区走者・松尾淳之介（2年）の姿が見えた。

「春日さん、ラスト‼」

春日は襷を渡し、「ごめん、あとは頼んだ」と松尾に声を掛けた。本当は背中を押してやりたかったが自分の腑甲斐なさにガッカリし、手を掛ける元気さえも失っていた。

第4区　平塚―小田原　20・9km

小田原中継所通過タイム

1位：東洋大	4時間14分13秒
2位：青山学院大	＋02分03秒
3位：神奈川大	＋02分39秒
4位：拓殖大	＋04分07秒
5位：早稲田大	＋04分08秒
6位：東海大	＋04分57秒
7位：駒澤大	＋05分21秒
8位：中央大	＋05分35秒
9位：國學院大	＋05分44秒
10位：城西大	＋06分05秒
11位：帝京大	＋06分25秒
12位：日本体育大	＋06分45秒
13位：山梨学院大	＋06分53秒
14位：法政大	＋07分09秒

15位：順天堂大　＋07分11秒
16位：中央学院大　＋08分13秒
17位：大東文化大　＋08分42秒
18位：東京国際大　＋11分16秒
19位：上武大　＋11分58秒
20位：国士舘大　＋12分11秒
（参考）：関東学生連合　＋17分48秒

第4区区間賞　大塚倭（神奈川大）　1時間02分21秒〈新記録〉

5区　山とブレーキ

山を制する者は箱根を制するともいわれている。

5区。小田原中継所から箱根芦ノ湖駐車場まで20・8キロ。標高約40mのスタート地点から国道1号線の最高地点は標高874m。コース全体の約80%が上りになっている、最もタフな区間だ。それゆえ下りの6区と合わせて特殊区間と称され、実際、過去この5区を舞台に大逆転劇やドラマが生まれている。

初代山の神は今井正人（現・トヨタ自動車九州）で、順大3年時は5区で逆転して往路優勝、主将時も5区で逆転し、総合優勝に貢献した。2代目山の神こと柏原竜二（富士通・競技引退）がいた東洋大は彼の活躍で2回優勝している。3代目山の神・神野大地（現・プロランナー）は青学大初優勝の時、5区で東洋大を抜き、区間賞を獲得。翌年も主将として5区を走り、連覇を達成している。

「5区に大砲がいるチームは強い」と青学大の原晋監督は言うが、まさにその通りだ。

2017年に12年ぶりにコースが短縮され23・2キロから20・8キロになったが、今も一発逆転の区間であり、逆にブレーキにもなる重要区間であることに変わりはない。

5区対策のため、各大学は春から上りのテストを何度か行い、選手の適性を見極めていく。そうして時間をかけ、特殊区間を走る選手が決まるのだ。

東海大は、春から選手の適性を見る試走を始め、夏合宿では春日と西田壮志（1年）が5区候補として練習をしていた。だが、9月の紋別合宿で春日が故障し、当初予定していた〝春日5区案〟が流れ、オールラウンドタイプの2年生、松尾淳之介が試されることになった。出雲駅伝ではエース区間の3区を25分11秒と区間4位のタイムで走り、優勝に貢献した。1万m、5000mのタイムも西田より優れ、山の試走では1時間12分台で走れる走力を見せた。線は細いが粘りのある走りができ、単独走も問題ない。さまざまな条件をクリアーした松尾が5区を任されることになった。

90分の討論

13・5キロ地点では、島田良吾が松尾の応援に入っていた。

ラインからの情報により、「松尾はキツいんだろうな」というのはわかっていた。しかも5区の10キロから15キロの間は一番キツいところだった。そこで少しでも気持ちを奮起させようと、島田はとっておきの応援を考えた。

「まずは、神奈川大が落ちてきているぞっていうことを伝えて、次に自分と松尾が好きなTWICE（韓国の女性グループ）の最新曲『ハートシェイカー』のサビの部分をうたって応援しました。それに松尾も気がついたみたいで、ペッと唾を吐いていましたね」

坂を上がっていく松尾の後ろ姿は、いつもよりも動きが小さく、元気がなかった。島田は、望星寮の本部に松尾の状態を書いてラインで送った。

島田は箱根を目指しつつ、教員免許も取りたいという理由で東海大を選んだ。

入学時の5000mタイムは14分57秒。レベル的にはDチームからのスタートだったが、3年の春のトラックシーズンには5000mで14分19秒まで伸ばすことができた。それは辛抱強く指導してくれた両角監督と西出コーチのおかげだった。競技力向上に真面目に取り組み、その姿勢は監督にも評価された。

4年間、練習やレースで怒られたことは一度だけだ。

4年の5月、箱根5区の試走があった時、島田は自ら手を挙げた。箱根はラストチャンスになるし、最近は不調で走れないことが多かった。5区を走って自信を取り戻すキッカケにしたかった。長い距離は得意だった。しかし、途中で走れなくなり、15キロ地点でリタイアした。

戻ってくると、「おまえが5区を走りたいと希望したのに走り切らないとは何事だ」と監督に怒鳴られた。試走は遊びではない。走る力と覚悟がないと山は上り切れない。中途半端な姿勢で陸上をやるな。陸上に対する姿勢を問われ、島田は「すいません」とただ頭を下げるしかなかった。

だが、監督の言葉を受け入れられない時もあった。

9月、夏合宿で故障し、治りかけた状態で福島・裏磐梯の合宿に参加した。途中で故障が再発してしまい、走れなくなったので監督の判断で寮に帰ることになった。

ところがその夜、紋別の選抜合宿を見ている監督から「おまえ、全カレの応援に行きたくないから合宿に来たんだろう」というラインが届いた。9月8日から福井で全日本インカレが行われており、ちょうど裏磐梯の合宿と重なっていたのだ。島田は「そんなつもりで合宿には参加していません」と、自分の状況について説明した長文を送った。

4年間、監督と一緒にやってきて自分の性格や人間性は理解してもらえていると思っていたので、監督からそういう言葉が出てきたことがショックだった。こんなふうに誤解を受けたまま卒業したくない。監督は常日頃からグラウンドの内外でわからないことがあれば言いに来いと言っている。言うべきところは言わないと理解してもらえない、と自分なりに考えてのラインだった。

監督から電話がかかってきた。

理由はともかく、途中離脱したのだからペナルティとして合宿費を全額負担するようにということだった。

合宿費用はクラスによって異なる。Sチームは全額、Aチームは80%、Bチームは50%、Cチームは30%それぞれ免除になり、Dチームは全額負担になる。島田はBチームだったので半額免除だった。その半額分を支払うように言われたのだ。だが、自分の考えを理解してもらえない上にお金のことも絡むので黙っているわけにはいかなかった。

「それは違うんじゃないですか」

「監督の言うことが聞けないのか。部規則を知らないのか」

「監督、すべてを黙って聞けばいいってことではないと思います」

そこから1時間半、島田は自分の考えを理解してもらおうと丁寧に説明をした。何度か熱くなるなどもしたが、自分の考えを怯むことなく伝えた。

「おまえがそこまで言うのなら、そういうことだったんだな」

両角監督は、最終的に島田の説明に納得し、そう言った。

監督は、ルールや指導で「これをやる」と決めたことは、ブレずに行う。チームの運営やグラウンドでは「自分が指導力を発揮する」という責任を負っているからだ。その一方で選手が小さなことでも何かしらの違和感を覚えた場合、素直に自分の気持ちや思いをぶつけていくと話を聞いてくれる。60名以上もの選手がいると全選手の考えを理解することはなかなか難しいが、監督は一人でも多くの選手のことを理解したいと考えており、対話の扉はそのためにいつも開かれているのだ。

島田は、ホッとしたという。

「一時は、どうなるかと思いましたが、監督に理解してもらえてうれしかったですね。監督は怠けたりする者に厳しく、勝手な振る舞いを許さない。以前、箱根エントリー発表の日、2名の選手が練習中に直帰して寮で寝ていたのがバレたんですが、その時はチームの中にそういうやつがいることが許せないとすごく怒りました。自分が怒られたのも全日本インカレに行きたくないという悪知恵が働いたと思われたんだと思います。同時にあの時期、自分は故障でくすぶっていたんで、監督は気持ちを入れて陸上やれよってことを伝えたかったんだと思います。

あの電話のおかげで、もう一度頑張ろうって奮起して練習に取り組むことができました。上尾ハーフでは1時間03分56秒の自己ベストを出して、箱根の最終選抜合宿にも行けた。最後まで走って競技人生を終われたのは、監督のおかげだと思います」

0区ランナーの意地

2017年12月、箱根エントリーメンバーが発表された時、自分の名前は呼ばれなかった。

「やっぱりショックでしたね。これで引退かぁって思うと感情的につらいものがありました。

恩師や両親とかに今まで支えてきてもらったのに恩返しの走りができなかったので、その悔しさがすごく強かったです」

母・弘子は、教育実習の後、就活を始めて体調を崩した時、こう声を掛けてくれた。

「就職活動は卒業してからでもできるけど、陸上は大学4年間しかできない。今は就活よりも陸上を後悔しないように全力でやりなさい」

弘子は、息子の陸上での可能性を信じていたという。

「本人は苦しかったと思いますが、全国から強い選手が集まって競い合えることや仲間の存在とか、傍目から見ていて羨ましかったですね。私が学生の頃にはできなかったことなので『青春まっただ中してるね』とメールを送ったこともありました。だから最後まで陸上生活を全うしてほしかったんです。大きなことを二つ同時には追えないでしょうし、タイムが上がればまだ箱根のメンバーに入れる可能性があると思っていました。親としては甘いと思われるかもしれないですが、大学4年間＋1年の猶予期間という感じで考えていたので、悔いのないように陸上に専念して頑張ってほしかったんです」

母に「専念しなさい」と言われてからは気持ちが落ち着き、練習に集中して取り組むことができた。その結果、12月、箱根駅伝の最終選考合宿にも招集された。

「でも、よく考えてみると、あの合宿から落選したのは3人。母には、『仮に16人に入ってもレースに出る10人に入るのは難しかったかもね。頑張ったけどまだまだだったね』と言われて本当にそうだなって思いました。自分の力不足でした」

島田は、箱根メンバーから漏れたものの引き続き練習で後輩たちを引っ張った。そして、東海大恒例の12月31日大みそかの学内2万mタイムトライアルでトップになった。

これは箱根駅伝にエントリーされている16名以外の全選手が走るレースだ。箱根と同じ20キロの距離を走り、箱根を走る選手へのエール、壮行会的な意味合いが込められている。引退する4年生にとっては最後のレースになるが、島田は最終合宿に参加した者として「自分がこれだけ走れているんだから、みんなイケるぞ」と伝えるようなレースをしようと決意し、0区のランナーとして意地の走りを見せたのである。

「自分の競技人生の最後のレースですし、箱根前にチームに勢いがつくような走りをしたいと思っていたんです。それが引退前の自分ができる最後の仕事だと思っていたのでいい形で終われました。いろんな人におつかれさまって言われて、諦めずに最後までやってきて本当に良かったと思います」

その激走はスポーツ新聞で報道された。

弘子はその新聞を見て、涙がこぼれ落ちたという。

「箱根のメンバーから落ちた時は息子からするとショックだったと思うんですけど、その後もしっかり最後まで走り抜いた。怪我が多く、4年間苦しかったと思うけど、諦めなかったですからね。わが子ながらここまでよく頑張ったと涙が出ました」

もうやり残したことはなかった。最後の走りで気持ちは切り替わった。あとは、チームの優勝を信じて2日間、全力で応援するだけだった。

5区、想定外の失速

5区、レースは大きく動いていた。

青学大の竹石尚人（2年）が快走を見せ、大平台ポイントでは小田原中継所で2分03秒あったトップ東洋大とのタイム差を40秒ほど縮めていた。松尾も東洋大との差を17秒ほど縮め、その差は4分40秒になっていた。

しかし、徐々に松尾の走りから力が抜けていった。

松尾は、どんな状況でも自分の走りができる選手だ。出雲駅伝も3区で粘りの走りを見せ、「松尾がうまくつないでくれた」と両角監督は流れを作ったことを高く評価した。5区ではオールラウンダーとしての高い能力を発揮し、復路へいい形でつなげてくれるだろうと思っていた。

だが、徐々に松尾らしいテンポのいい走りが見られなくなっていった。後続の中央大などにかなり差を詰められている。とりわけ城西大の服部潤哉（3年）は馬力のある上り走行を見せ、東海大と1分以上あった差を一気に20秒差まで縮めてきた。

テレビ画面が順位変動のシーンに切り替わる。

宮ノ下ポイント、9・3キロ地点で松尾は城西大に追いつかれ、一気に抜かれた。動きが小さく、走りに躍動感がなくなっていた。

「あぁー」

望星寮の本部から溜息と落胆と驚きが入り混じった声が漏れた。

小涌園前ポイント、11・7キロ地点、城西大との差は広がるばかりだった。

「トップの東洋大との差は4分42秒、6位城西大との差は19秒、8位日体大との差は36秒、中央とは41秒、10位法政とは43秒差です」

すぐに鈴木が全員にラインで送った。

西川は、松尾のブレーキが信じられなかった。

「なんで？　という感じでした。確かにあいつはブルペンエースみたいなところがあって練習はいいけど本番はけっこう弱いところがある。その不安はあったんですが、試走とかもすごく良かったんで……」

運営管理車の助手席にいる両角監督は、黙って松尾の動きを見ていた。

西川は、監督の気持ちが助手席のシートを通して伝わってくるのを感じた。4年間、スタッフとして両角監督の傍で業務をこなし、主務になってからはスカウティングや地方大会にも帯同するようになった。多くの時間を両角監督と過ごすようになり、いつの間にか監督が言わずとも考えていることがかなり理解できるようになったのだ。そして、この時、無言の背中から想定外の松尾の失速に大きなショックを受けているのがわかった。

15・8キロ地点、芦之湯ポイントでのタイムが出た。

2位の青学大の竹石が驚異的な快走を続け、トップの東洋大と43秒差まで詰めていた。東海大は、日体大にも抜かれ、8位に順位を落とした。

その少し前の地点で松尾の父・陽悦と母・みどりが息子を待っていた。松尾が中学の時から変わらぬ上は赤、パンツは黄色の目立つ応援スタイルで「粘り強く根性走り　走れ淳之介」という横断幕を持っていた。「苦しいところで待っていれば、頑張れるのではないか」と思い、選手が一番苦しい15キロ地点で待っていたという。

松尾がやってきた。

「淳之介、ガンバレ！　これからこれから！　イケ！　イケ！」

父の声に松尾は、笑顔で反応した。

両親の声が「力になった」という松尾だが、思うように動かない体に「どうなってんだ」と怒りをぶつけていた。監督の期待を感じ、選んでもらった箱根なのに、その期待に応えられない自分に納得がいかなかった。

「動けよ」

何度も頭の中で叫んだが、もはや乳酸で脚の筋肉はパンパンだった。5区での失速は上りゆえに苦しみが倍増し、地獄を見るといわれているが、松尾はまさにその渦中にいた。

退部しなかった理由

応援係の谷地宏康は、箱根旧街道杉並木の20キロ地点にいた。

5区の応援に東海大は多くの人数を配置していた。特に10キロ以降は、1、2キロごとに一人を置き、声掛けして応援するようにしていた。5区の10キロ以上は非常にキツくなり、選手にとって応援がパワーになるからだ。

谷地は朝、部の車に乗って午前9時過ぎに現地に到着し、午後1時頃に選手が来るまで一人で待っていた。山の寒さ対策は万全だった。谷地は2回目の5区担当だ。2年前は雪が積もっており、寒さで手がかじかんでラインを送るのさえ、苦労した。

応援係も東海大の幟旗を持っているので、沿道の人に「頑張ってねー」「東海大出身ですよ。頑張って」と声を掛けられる。熱心なファンの人がいろいろと話しかけてくるので、世間話をして時間を潰していた。

ラインやツイッターの情報から、松尾の状態は「かなりキツい」ということは把握していた。そのことを踏まえて、松尾になんと声を掛けるか、谷地は考えていた。ラインでタイム差が流れてくるので、まずはその情報を伝える。そして、西出コーチから「最後だから切り替えろ」という伝言が来ていたので、それも伝えないといけない。

松尾が見えてきた。

「残り800mだぞ!!　最後、切り替えて、しっかり腕振っていけ！」

谷地は、声を振り絞って叫んだ。

周囲に多くの人がいて応援していたので、伝わったのかどうかはわからない。松尾はまったく反応がなかったのだ。

谷地は、こうして箱根が淡々と終わっていく寂しさを感じていた。

「最後の箱根って、こんなに呆気《あっけ》ないもんなんだなぁって思いました」

谷地も兵頭たちと同じく箱根前に選手からサポート役に回った。

入学した頃は頑張れば箱根のメンバー入りはできると思っていた。3年になり、「黄金世代」の選手たちが入学し、力を発揮し始めたが、自分で考えながら練習し、量を増やせば足りない才能をカバーできると思っていた。両角監督からは「しっかり継続して我慢してやっていけばチャンスはあるぞ」と言われた。だが、夏合宿で捻挫してしまい、それが響いて箱根に挑むチャンスを失ってしまった。

4年になった谷地は故障もなく、十分な練習が積めていた。夏合宿の頃は、高島平ロードレースで結果を出せれば、箱根もまだ可能性があるというポジションにいた。

その高島平ロードレース、谷地は箱根を懸けて走った。

「苦しかったですね。1週間前から走りのバランスが崩れていて、フォームもリズムも一定じゃなく左右でガタついた走りになっていたんです。しかも右足首捻挫の影響が出たのか、噛み合わない走りになってしまった。10キロ前でもうダメだ、早く終わりたいって感じでした」

タイムは、1時間05分01秒、63位。力を出し切れた感じもなく、自己ベストを更新できなかった。調整不足が大きかったが、このレースに懸けていた分、これが今の自分の実力だとけじめをつけた。

数日後、両角監督に呼ばれて、「サポート役をやってみないか」と打診された。

「本当はもうやめたいぐらいな気持ちだったんです。今の自分が走ってもチームのためにならないので。ただ、自分が走っている時にマネージャーたちが一生懸命にやってくれていたことはわかったので、感謝の気持ちがすごくあった。気が進まないけど、やめるくらいならチームのために我慢してやろうと思いました」

箱根がダメだと察した後、先輩たちの中にはフラフラと練習時間に来て走りと関係ない筋トレをしたり、グラウンドの隅で立ち話をしていたり、時間を潰しながら歩いていたりする選手もいた。そういう態度や姿勢はチームにとってマイナスでしかない。

だが、谷地の代はそういう選手が一人もいなかった。

谷地が退部せず、我慢してまでやろうと思ったのは、過去の先輩たちと異なり、献身的にチームに尽くす仲間の姿勢を見て、自分も何かしら役に立ちたいと思ったからだ。また、入学時、両角監督に「4年間、しっかりやり遂げなさい」と言われたことも大きい。選手であるないにかかわらず、やり切ることで何か先につながるかもしれないし、4年間陸上に取り組んできたという証にもなる。

最初はやる気がないのを見せないようにしていたが、サポートの仕事に取り組んでいるうちに気持ちが変わった。

「やっぱり走っている選手が一番キツいんです。それ以上に大変なことはない。それに比べたら今の自分の仕事はって思ったし、自分以外のサポート役の選手も一生懸命にやっていた。自分もやっているうちに徐々にサポートの仕事を楽しめるようになった。そうして気持ちが切り替わったのが大きいと思います。じゃないと何やっても楽しくないんで」

仕事は、大学内のクロカンコースとトラックの整備や寮の酸素カプセルの管理などを任された。クロカンコースは、トラック周辺に作られたウッドチップが敷き詰められたコースだ。1周1・1キロ、適度なアップ&ダウンとカーブがある。コースの大半は樹木に覆われているので秋は大量の落ち葉が幾重にも重なり、掃除をしないと埋もれてしまうのだ。クロカンで落ち葉を掃除している最中、箱根の選抜組がトラックで練習していると作業を止め、つい見てしまった。みんなちゃんと走れているのか、気になって仕方なかったのだ。

もう箱根はないとわかっていたが、12月の箱根エントリーメンバー発表は、過去3年間よりも感傷的な気持ちになった。

「ここで名前を呼ばれるために4年間やってきたんですが、一度も呼ばれなかった。期待してくれた両親や高校の先生にいい報告ができなくて悔しかったです。でも、16名のメンバーのように箱根を走るために競技にすべてを捧げる覚悟でやってきたかというと自分はそうじゃなかった。集中する時もあればダラけてしまう時もあった。故障した上に寝坊までして監督に『たるんでいるんじゃないか』と怒られた弱い自分がいた。今さらですけど、もっと前から、もっと本気でやっていればよかったとすごく思いました」

その後悔は、ずっと胸に残ったままだ。

だが、地道にコツコツやってきたことは、多少なりとも誇りに思えた。谷地も関原と同じく、入学時、5000mのタイムが15分14秒で入部資格に届かず、アパートに住み、自炊をして競技を続けた。2年に14分47秒を記録し、ようやく入部することができたのだ。そうした思いが駆け巡ると目の奥が少し熱くなった。

箱根町芦ノ湖駐車場のゴール地点、トップで入ってきたのは東洋大だった。

白いゴールラインまでのビクトリーロードに入ると「おぉー」というファンの歓声がひと際大きくなった。「青学じゃなく、東洋か！」という驚嘆と落胆の声が入り混じる。優勝争い候補のメンバーを見た時は、最後まで競った展開になるだろうと思っていた。だが、まさか東洋大がこんなに強いとは思わなかった。ファンや大学関係者のいろんな感情が交差する中、田中龍誠（1年）がトップで駆けていった。ほとんど表情を変えなかったが、ゴールテープを切る瞬間、安堵したような微笑みを浮かべ、控えめに両手を広げてゴールした。

東洋大は1区の西山和弥から首位を走り、5区の田中まで一度もトップの座を明け渡すことなく駆け抜けた。ここ3年間、負けなしの青学大に一泡吹かせたのだ。ただ、小田原中継所で2分03秒あった差は、わずか36秒差になっていた。

「往路で2分差以内なら総合で勝てる」

青学大の原晋監督はレース前にそう断言していたが、5区の竹石の激走により4連覇が見えてきた様子で、余裕の笑みを見せていた。

松尾は、細く長い手足を懸命に動かしていた。もう前を追えるだけの力が残っておらず、このままゴールにたどりつくのがやっとの体だった。

ゴール地点には1区を走った三上、2区を走った阪口らが待っていた。

順大の選手がコーナーを曲がり、その後ろに松尾の姿が見えた。疲弊し、ボロボロの状態で箱根の山を越えてようやくゴールにたどりついた。阪口と三上に支えられ、東洋大の往路優勝に沸く表彰台から離れた道の縁石に松尾は腰を落とした。そのまましばらく頭を抱えたまま松尾は動かなかった。

第5区　小田原―箱根町　20・8km
箱根芦ノ湖湖畔到着タイム

1位：東洋大　5時間28分29秒
2位：青学大　＋36秒
3位：早稲田大　＋01分56秒
4位：拓殖大　＋04分36秒
5位：法政大　＋04分37秒
6位：城西大　＋04分50秒
7位：日本体育大　＋05分18秒
8位：順天堂大　＋05分25秒
9位：東海大　＋05分40秒
10位：中央大　＋05分49秒
11位：中央学院大　＋06分14秒
12位：帝京大　＋06分18秒
13位：駒澤大　＋07分32秒
14位：國學院大　＋08分29秒

15位：神奈川大　＋09分35秒
16位：山梨学院大　＋09分38秒
17位：大東文化大　＋11分09秒
18位：国士舘大　＋13分09秒
19位：東京国際大　＋13分16秒
20位：上武大　＋13分53秒
（参考）：関東学生連合　＋20分51秒

第5区区間賞　青木涼真（法政大）　1時間11分44秒〈新記録〉

往路順位・記録

優勝：東洋大	5時間28分29秒〈新記録〉
2位：青山学院大	5時間29分05秒〈新記録〉
3位：早稲田大	5時間30分25秒〈新記録〉
4位：拓殖大	5時間33分05秒〈新記録〉
5位：法政大	5時間33分06秒〈新記録〉
6位：城西大	5時間33分19秒〈新記録〉
7位：日本体育大	5時間33分47秒
8位：順天堂大	5時間33分54秒
9位：東海大	5時間34分09秒
10位：中央大	5時間34分18秒
11位：中央学院大	5時間34分43秒
12位：帝京大	5時間34分47秒
13位：駒澤大	5時間36分01秒
14位：國學院大	5時間36分58秒

15位：神奈川大　5時間38分04秒
16位：山梨学院大　5時間38分07秒
17位：大東文化大　5時間39分38秒
18位：国士舘大　5時間41分38秒
19位：東京国際大　5時間41分45秒
20位：上武大　5時間42分22秒
（参考）：関東学生連合　5時間49分20秒

箱根の夜——支える

東海大は、まさかの往路9位だった。

いったい誰がこの順位を予想しただろう。プレスルームでは東洋大の往路優勝以上に東海大の低迷が話題になっていた。

西川は、管理運営車の車内に失望感が広がったのを感じた。

「往路が終わった後、両角先生は優勝を目指していたのにこんな感じかよってすごく落胆していました。昨年も往路で沈んだのですが、それよりもショックは大きい感じでしたね。このメンバーでなんで走れないのかっていう感じだったと思います。自分もせめて3位以内と思っていましたが甘くなかったですね。出雲、全日本といい感じできたけど長距離は違うな、箱根は難しいなって思いました」

阪口は2区の役割を果たせなかった悔しさからか、涙をこらえ切れなかった。自ら望んで走ったが両角監督の期待に応えられず、結果を残せなかった。絶対に負けたくないという神奈川大の鈴木健吾にも敗れてしまった。その悔しさが、阪口にどんな影響を与えることになるのだろうか。

1区を走った三上も口を真一文字に結び、悔しさを押し殺していた。

14時からの監督会議のために両角監督は箱根ホテルのプレスルーム脇の会議室にやってきた。箱根の場合、復路ゴール後は、待機場所でもある読売新聞東京本社の2階スペースが取材スペースになるが、往路は優勝チーム以外、特に決まった取材場所がない。9位というまさかの結果に終わった後、初めてメディアの前に姿を現した監督を多くの記者が取り囲んだ。

「誤算？　2区の阪口がハイペースで飛ばして、後半ガクッときてしまいました。あわよくばというのがあったんですけど、23キロもたなかったですね。次の鬼塚も思うほど追えなかった。区間3位（1時間03分29秒）ですけど、4位（1時間03分33秒）に近い3位でしたので、そこでのゲームチェンジができなかった。さらに4区、5区がミスしてしまった。やはり箱根は大きなミスをしては勝てないということです」

厳しい表情で話をする両角監督の表情は朝よりも少しやつれて見えた。

12月中旬に風邪で体調を崩し、復帰してからも合宿などをこなし、ノンストップで箱根に突入してきた。大会直前は朝練習から選手のコンディションを注意深く見極め、交代枠4名をどう活かすか考えつつ、雑務をこなした。数日間続いた寝不足が重なって疲労が蓄積、さらにこの日の結果が追い打ちをかけたのだろう。

それでも冷静に敗戦を語り、丁寧に取材に応じていた。

優勝候補だけに相当に悔しい思いがあっただろうが、チームの本質や指導者、選手の人間性は敗れた時にこそ見えてくる。

メディアへの対応において両角監督は、試合に敗れても自らはもちろん、選手への取材を規制したことがない。勝っても負けても姿勢は変わらない。箱根には多くのファンがおり、メディアの先にファンの姿があることを認識している。また、メディア対応は選手の人間的成長のために必要なことだととらえている。勝因や敗因を話しながら自分の頭の中で整理していくことが、次のステップに進むために必要になると考えているからだ。箱根のような大きな大会では感情が乱れ、多くを語れない時もあるが、東海大の選手はどんな大会でも前向きに対応していた。

他大学も試合後、取材制限はしていないし、負けても対応している。「グッドルーザーであれ」という言葉があるように、試合に敗れた時、監督、選手がどういう態度や行動を取るのかが大事だということだ。それは、どんなスポーツでも同じだ。だが、昨年、全日本大学駅伝で青学大が3位になった時、原監督はレース後、選手への取材を一切認めなかった。

その時、正直、驚いた。百歩譲って選手個人が取材をスルーすることはあるかもしれない。しかし、日本学連主催の公式大会で監督が取材NGを指示することなど聞いたことがなかった。「青学大は開かれたチーム」と原監督自ら公言し、メディアにはウエルカムの姿勢だったはずだ。しかし、負けた途端、態度を180度変えた。「選手の疲労を考慮して」という理由だったが、他大学の選手は敗れても普通に取材に応じているし、取材を通して接してきた青学大の選手たちはそれほどナイーブではない。下田裕太、田村和希をはじめ、冷静に対応し、自分の言葉で話ができる選手が多い。そもそも出雲駅伝で負けた時は制限していなかったのだ。原監督は3位という結果に珍しく怒りを露わにしていたが、駅伝王者らしく敗れた時こそ堂々と対応すべきだろう。勝った時はいいが、負けた時は遠慮してくれという姿勢は、駅伝3冠3連覇を達成した監督の振る舞いとは思えない寂しいものだった。

監督会議を終えると西川は両角監督とともに車で東海大に戻った。

15号館の4階に選手と付き添いが集まってミーティングが始まった。まるで葬式のような重苦しい雰囲気で、それに輪をかけるように室内の電灯がチカチカしていた。

9位に終わった往路の話は出なかった。復路を走る選手には、東海大の順位、そして前後の大学とのタイム差が書かれた紙が渡された。

「前の日体大、順大、それに後ろの中央、中央学院とは僅差だ。前だけ見て、足元すくわれないようにしていこう。明日、巻き返すぞ」

両角監督は短い言葉で締めた。

復路の5人の選手たちは、「復路優勝しよう」と誓った。

総合優勝はトップの東洋大と5分40秒というタイム差からほぼ不可能だが、東海大の意地を見せるには復路を獲るしかない。

西川は、両角監督がマイナスに振れていないことに少し安心した。

「先生はマイナスのことを考えると、とことんマイナスに考えてしまうんです。昨年、往路が終わった時も明日シードを落とすかもしれないって、すごく落ち込んでいました。今回もシード権が危ないと思ったらしく、6区は中島だったんですけど、大学に戻る車の中でいきなり館澤でいくかとか言い出したんです。中島は上りが弱く、6区の最初の5キロは上りじゃないですか。前後の大学とは僅差なので、そこで遅れるとシード権を失う可能性も出てくる。そこで上りがいける館澤っていうのが出たんですが、最終的には中島に落ち着いて、僕はちょっとホッとしました」

優勝候補と注目され、両角監督自身もその自信が十分にあっただけに、今回の往路の結果はかなりのショックだったのだろう。優勝争いからシード権確保の戦いになり、いろんな策を考える中、迷いが生じるのは指揮官も人間であり、致し方ないことだった。

女子マネージャーとしての矜持

望星寮では、選手たちがガッカリした表情でいた。

「（3位）もう難しいですね」

「厳しいなぁ」

学生たちが口ぐちに、残念そうな言葉を漏らしたのには、理由がある。

箱根駅伝前、両角監督は3位以内に入ったらレース後、1週間フリーにするという「にんじん」をぶらさげた。

陸上部で1週間もの休みをもらえるのは、夏の帰省期間ぐらいしかない。4年生は大会後、引退するのでその恩恵を受けられないが、3年生以下の選手にとってみれば最高のご褒美になる。「にんじん大作戦」で選手のモチベーションを上げて、いい走りにつなげてもらう。それが両角監督の狙いだったが、往路は空振りに終わり、楽しみにしていた選手からは落胆ともいえる溜息が漏れた。9位から3位の早稲田大とのタイム差を見ると追いつくのは不可能ではないが、その背中は限りなく遠かった。

鈴木すみれは、情報本部で嵐のような1日を終え、大きな疲労を感じていた。

夜、春日が戻ってきた時は、「おつかれ」としか声を掛けられなかった。春日自身、もっとやれたはずなのにと思っていたと思うので、あえて話すことを控えた。

鈴木は、大学の陸上部でマネージャーをやるために、高校時代から陸上部で長距離のマネージャーをしていた筋金入りのマネージャーだ。

東海大学陸上部は伝統的に、いわゆるマネージャーの仕事をする部員のことを、男子は「学生コーチ」（4年生になると「駅伝主務」「主務」と呼ばれる）、女子は「マネージャー」と称している。

男子も女子も、〝マネージャー〟は基本的に各学年に一人ずつしかいない。鈴木もただ一人の4年生女子、ということになる。マネージャーになった学生は選手と異なり、やめる学生はほとんどいない。数年前、家庭の事情でやめた一人だけだ。

仕事は男子とは異なる。大会の結果をまとめたり、ホームページやツイッターを管理したり、保護者に大会結果を送ったり、SからDまでのチームごとの練習実績を1週間ごとにまとめたりするのも大事な仕事だ。さらに、箱根が近くなると0区メンバーの配置はもちろん、応援者宿泊のための東海大の施設・松前会館の借用申請書、課外行事の許可願い、入校禁止期間の活動願いなどの書類作成や提出など、仕事量は膨大になる。そのため、授業の合間など空いた時間を見つけては両角監督や西出コーチの研究室に来て、黙々と仕事をこなす。

作業には常に正確さと質の高さが求められた。資料作成ひとつとっても監督が求める以上の質のものを提供しなければならない。記録などをミス表記でもすると「これは違うじゃないか」と厳しく指摘される。授業時間以外は研究室やグラウンドにいるので自由な時間はほとんどない。普通の女子大生のようにバイトをしたり、ごはんを食べに出かけたりすることもなかなかできない。だが、鈴木はマネージャーになりたくて陸上部の門を叩いたのだ。

「やりがいがあるし、なかなかできない経験ができる」と大変ながらも楽しんでマネージャーの役割を全うしてきた。

男子学生は、全員が寮生活をしているが、女子マネは全員、自炊だ。

だが、そういう距離感がいいのだと鈴木は言う。

「なんでも話をしてほしいけど、傷のなめ合いに巻き込まれるとか、そういう存在にはなりたくないんです。練習の向き合い方とか、本当に違うと思ったら簡単に容認したりしたくないですし、故障が長くてもレースの結果が悪くても、違うことは違うと言える距離をしっかり保っていたい。あまり近すぎる存在にはなりたくないと思っています」

鈴木は、チームが強くなって注目されてきたからこそ、今まで以上にルールの厳守を求めた。例えば怪我をしている選手は1週間の練習メニューを提出することになっているが、忘れてしまう選手が多い。期日通りに出ていないと、鈴木は「なんで出ていないの、すぐに出しなさい」と何度も言い続けた。

また、選手の身だしなみに気をつけた。チームはパーマや髪の毛を染めることが禁止されているが、最近は1年生でも顎ひげを生やす選手が出てくるようになり、そういう時は、「ひげ、ひげ」と生えている場所を指摘した。「イヤー忘れちゃって」とごまかそうとする選手もいるが、そういう選手に限って口ひげを剃っていたりする。

「上はきれいでしょ、ちゃんと、ひげ、剃ってきな」

そう指摘すると、ばつの悪そうな顔をして顎ひげを剃ってくるという。

「やっぱり強くなって、有名になっていくと、見られることが多くなるじゃないですか。私はだらしないって思われたくないんです。その選手イコール、〝東海の長距離〟っていわれるのはすごく嫌だったので、身だしなみにはすごく注意を払いました」

鈴木は女子マネだからこそできることもあったという。

「私は女子マネって、チームの中で唯一、甘えられる存在だと思うんです。陸上部のお母さんじゃないですけど、選手が現状ちょっと厳しいよなって感じていたり悩んでいたりしたら、話を聞いて相談に乗ったり、選手が落ち込んでいたりしたら、頑張れ、イケるよって励ますみたいな」

鈴木は、後輩たちの中では、そういう存在になっていたようだ。箱根が終わった後、在校生からの寄せ書きには「お母さんみたいでした」と書かれていた。

また、同期、特に西川主務は鈴木に絶大な信頼を置いていたという。

「鈴木とは4年になってからよく話をするようになったんですが、自分が大会や地方遠征で不在の時、マネージャーの仕事をほぼ完ぺきにやってくれていた。成績も学部トップでしたし、頭の回転も速いので仕事ができる。ほんと心強かったです」

本部が機能していたのも鈴木がいたからである。そして、その仕事ぶりは後輩たちにしっかり受け継がれている。

鈴木たちが望星寮を出ると、2寮、3寮の選手たちも出ていった。

東海大には3つの寮があり、61名の選手がそれぞれに分かれて生活している。

望星寮にはSチームおよびAチームの選手とBチームの一部の選手が、6畳ほどの部屋に二人一組で生活している。ただし、主将と大会結果を残した10名の選手には個室が与えられる。

2寮、3寮は基本的にB、C、Dチームと故障した選手。寮長と学生コーチは個室で、他の選手は二人一組が基本だ。3寮は500mほど望星寮から離れており、ゴミ収集所がないので朝食の時に望星寮までたまったゴミ袋を持っていくことになっている。寮費は、3食付きで一律6万7千円だ。

門限は午後10時。午後9時55分に点呼がある。遅れた場合は清掃や公休取り消しなど罰則がある。3か月以内に遅刻を繰り返すと坊主頭になり、反省文を書かされる。気合を入れる時など自発的にする場合はともかく、強制的な坊主頭は洒落た今時の選手にとってはかなりのショックだ。態度が改められないと退寮という措置も取られる。

寮には不定期で両角監督の奥さんが清掃状態などをチェックしに来る。主婦目線で細かいところまで見るので、厳しい指摘が飛ぶ。

3寮の寮長である兵頭は苦笑して言う。

「当たり前のレベルを上げて寮生活の質を上げていくのが狙いなんですけど、カーテンとか、天井の隅とかを指摘されて、まだまだ足りないなぁといつも反省していました」

各寮の入れ替えは、年2回、春と秋に行われる。

基本的にAチームが望星寮に入ることになるが、3寮は部屋が広く居心地がいいのでAチームの羽生拓矢（2年）や木村理来《りく》（2年）はあえて3寮に残って生活している。

部屋割りは望星寮に住む小池翔太コーチが考え、両角監督と寮長が確認する。合宿時もそうだが部屋割りは慎重に行われる。先輩と後輩の組み合わせが基本だが、ポジティブな効果を生むような組み合わせを考えていく。

廣瀬は言う。

「個室は基本的に両角先生に決めてもらっています。同じ大会で順位が出ると決めやすいのですが、ある種目はいいけど、この種目は今ひとつということで単純比較ができないケースがあるので。僕らは選手の組み合わせを考えます。横着気味な選手は4年生のしっかりした選手と組ませたり、ゲーム好きを一緒に組ませないようにしたり、お菓子好きの選手がいる場合、それを注意できる選手と組ませたり。いろいろ考えて組み合わせています」

各寮長は、寮のルールや約束事を理解してもらい、親睦を深めるためにいろいろ工夫をしている。望星寮の廣瀬は『ジョジョの奇妙な冒険』や『北斗の拳』などのアニメポップを作って寮のルールを周知徹底させた。2寮の田中は鍋パーティーを行い、3寮の兵頭は球技大会を行った。そうして寮ごとに個性を出して楽しんでいるのだが、一方で3つに分かれているので、どうしても他寮のメンバーとは関係が薄くなる。全選手が顔を合わせるのは食事の時だけ。日常はそれぞれの寮生活にあるので、同じ寮の中での付き合いが深くなるからだ。そのせいか、チームに対する帰属意識が薄く、チーム全体のために考えて行動する選手が少なかった。

それでは駅伝に勝つために必要な一体感を築いていくのは難しい。そうして始まったのが、前述の毎週火曜日、夕食後の全員ミーティングだ。

4年生が中心になった寮改革により徐々にチーム全体の課題や問題を共有して、今回の箱根へのモチベーションをさらに高めてきたのだった。

西川主務の覚悟

2日の夜、西川は学内でミーティングを終えると、両角監督と一緒に箱根の民宿に向かった。

両角監督は、車の中でいろいろと考えているようだった。そういう時はあえて話しかけないようにする。監督との長い付き合いの中で、状況に合わせた対応がうまくできるようになっていた。

それを両角監督も感じ取っていたのだろう。西川を全面的に信頼し、仕事を任せていた。

マネージャーの経験が豊富で、人の動きや考えの先を読む西川の能力に因《よ》るところが大きいが、これだけ監督と主務が一心同体となり、阿吽《あうん》の呼吸で動けるのは珍しい。

「西川さん、マネージャー天職っすよね」

館澤に、よくそう言われたが、西川もまんざらではなかった。

西川は、九州学院高校時代も陸上部のマネージャーをしていた。

高2の1月、両角監督がスカウティングで訪れた際、高校の禿雄進《かむろゆうしん》監督と3人で練習を見ていた。その時、禿監督が両角監督におもむろに聞いた。

「こいつ、大学でマネージャーやらせたいんですけど、どこか行けそうなところありますか?」

両角監督は、「ぜひ、うちで」と即答し、「うちに来ないか」と西川に声を掛けた。

高校の陸上部にはマネージャー専任の生徒がほとんどいない中、西川はすでに3年間のマネージャー経験があった。指導者としても尊敬している禿監督が育てた生徒であれば間違いないという確信もあった。当時、東海大ではすでにマネージャー専任で生徒をリクルートしており、西川はまさに即戦力のドラフト1位だったのだ。

両角監督がマネージャーを専任としているのは、その仕事の特性からだ。自分の競技力を高めるわけでもなく、献身的にチームを支える覚悟がないとできない。仕事量が多く、多岐にわたるので途中から覚えるよりも1年目から取り組んだ方が効率良く仕事ができるようになる。また、マネージャーはチームの雰囲気を作る役割も果たすので、1年の時から全体を見る目も必要になる。優秀なマネージャーは選手と同じで一朝一夕にできるものではないのだ。そのため西川より2つ上の代からマネージャー枠として学生を獲得している。

大学陸上部では、タイムが伸びなかったり、故障で走れなくなったりした選手が途中で引退してマネージャーに転向することが多い。

例えば、青学大には2年から3年に上がる際、全日本インカレの5000mの標準記録を超えなければ現役を引退してマネージャーに転身するか、競技をやめるという厳しいルールがある。早稲田大も2年の夏に学年から主務候補になる部員を1名出すことになっている。そのために1年の箱根が終わると数名の候補者が呼ばれて、引退勧告を受けるのだ。

かつては東海大も2年から3年に上がる際、将来主務になるマネージャーが2名以上不在の場合、その学年で話し合いをしてマネージャーを選出していた。両角監督も最初は前任者のそのやり方を踏襲したが、「無理に走るのをやめさせる必要性がない」と廃止した。現在は青学大や早稲田大のようなルールはないが、3年生以上で設定タイムを超えられない選手に科せられるペナルティはある。それは、「禁酒」だ。保護者の支えで競技をしている以上、嗜好品の酒を愉しむ暇があれば競技に真剣に取り組むべきだという考えからだ。

西川は、当初は高校でマネージャーをやめるつもりだった。

「禿監督がめちゃくちゃ厳しくて、仕事ぶりとか礼儀とか、一度も褒められたことがなかった。それがつらくて大学ではマネージャーをしないと決めていたんです」

しかし、高校2年の時、全国高等学校駅伝競走大会（都大路）で入賞できず、マネージャーとしての仕事を果たせなかったことを悔いた。あれだけ怒られ、嫌気がさしていたマネージャー業だが、高校より上のレベルで、高校では実現できなかった優勝を実現したいと思うようになった。両角監督は「君はもう3年間のマネージャーの経験がある。大学ではその経験を活かしつつ、高校でやってきた仕事を継続してやってほしい」と評価してくれた。3大駅伝を狙えるチームでマネージャーとしてチームにかかわり、優勝に貢献したい。西川は東海大に行くことを決心した。

主務の仕事は、多岐にわたる。

試合のエントリー、取材対応、大会の書類提出、後援会への案内、サポート企業との連絡窓口、さらに資料作りなどいろいろある。だが、西川が一番重視していた仕事は選手と監督の橋渡し役になるということだった。

「先生が言うことが毎回、選手にスパッと伝わるわけじゃない。なんでそうなるんだって衝突してしまうこともある。そういう時、選手に先生が思っていることを嚙み砕いて話をしたり、逆に先生に選手が言いにくいことや考えを伝えたりして、選手と監督の関係をうまく作っていく。そこは一番気を使ってやっていました。そういう食い違いでチームの雰囲気が悪くなるのは嫌なので」

西川は、進んで選手の中に飛び込んでいった。

先輩マネージャーの中には、必要以上に選手と仲良くなる必要はないというスタンスを取っている人もいたが、西川の持ち味は人と話ができること。両角監督は短所を克服するよりも長所を伸ばせという考えなので、マネージャーもそれを実践してもいいと思い、うまく選手とコミュニケーションを取りながらチームの雰囲気を作り、勝てるチームを作っていこうと決めた。

それは高校時代の恩師の言葉が心にずっとあったからでもある。

高校3年、都大路の大会後、禿監督に呼ばれて、こう言われた。

「おまえ、もっと考えて動け。このままいったら（大学では）途中でやめることになるぞ。両角先生は高校の監督時代、全国優勝された方。見るところは俺よりも細かい。そういう先生が選手枠を削って採ってくれたんだから4年間で一度でもいいから東海大を優勝させてこい」

両角監督の細かい指導は、入学してすぐに実感した。

練習後、アイシングプールに水を入れ終えると、「傷からばい菌が入らないようにすぐに次亜塩素酸を入れろ」と指示されるなど、その後も両角監督から事細かな指示が出され、学んだ。4年で主務になってからは本格的にチームを支え、出雲駅伝を獲れた。

だが、箱根を獲ってこそ、恩師に恩返しができると西川は思っていた。

4年生になる前、西川は不安を抱えていた。

先輩のマネージャーの代には同学年の選手が言うことを聞かなかったり、文句を言ったり、こんなにまとまらないものなのかと思うことがあった。選手間の仲も今ひとつで、「こいつはダメだ」みたいな言い方を平気でしていた。

「自分もそういうことで苦労するのかな」と思っていたのだ。

だが、西川たちの代は違った。

もちろん人間なので合う・合わないはあるし、実際に主将の春日とエースの川端との衝突もあった。だからといって派閥争いをするような選手はいなかった。もともとおとなしくて真面目な選手が多い。1年の時のミーティングは誰も話をしないことが多く、「しゃべれ!」と先輩に怒られていたぐらいだ。ただ、おとなしいだけでややまとまりがなかったので、「上級生になって大丈夫かな」と心配していた。でも、それは杞憂《きゆう》に終わった。彼らは4年になってガラリと変わった。

「4月に始動した時から4年生が自覚を持って引っ張っていたので驚きました。それは、過去の4年生の振る舞いを反面教師にしたんだと思います。今までの代は、箱根に絡めない4年生はダメとわかった時点で気持ちが切れていたんです。練習も故障だからとか言って走らず、練習終わりにちょろっと来ておしまい、みたいな感じで下級生に見せる姿勢とか気にしなかった。でも、今の4年生は、俺たちはあんなふうにはならないぞ、最後に自分たちができることは何なのか、と何かしら自分の役割を果たそうとしていました。そこは過去の4年生とまったく違いましたね」

阿部や小野、谷地、兵頭ら故障した者たちは、練習でのサポートができない代わりに大学の陸上トラック回りにあるクロカンコースの掃除や整備をしたり、陸上トラックをきれいにしたりして選手に気持ち良く使ってもらおうとしていた。垂水は走ることでチームに貢献しようと、国士舘大の記録会では複数組にエントリーし、後輩たちが自己ベストを出せるように走りで引っ張った。

「みんな、4年生としてあるべき姿勢を見せてくれた。これまでの代とは異なり、最後までチームのためにっていう姿を見せてくれて、こいつらスゲェって思いましたね」

ただ、すべてがうまくいったわけではない。

西川が4年間で最も気を揉んだのが両角監督と川端との関係だった。

反発する二人の関係をどう作っていくのか。両角監督は川端に前向きになってほしいと思って話をしているので、それを誤解されないように西川は伝えようとした。川端に悪い方にとらえられないように心がけていたという。

そういうことに西川が苦心しているのを両角監督は見ていた。

出雲駅伝で優勝した時、西川を優勝チームが立つステージに呼び上げてくれたのは両角監督だった。チームのために貢献してきた7番目の選手として、整列する6人の走者の真ん中に西川を招き入れたのだ。

川端は、自分と監督との間に入って気を使う西川の苦労や優しさに感謝していた。

「今回の箱根、おまえを絶対、胴上げしてやるからな」

西川は、川端にそう言われた時、涙がこぼれ落ちそうになったという。

そんな男気に溢れた言葉を掛けてくれた選手は、同期では川端しかいなかった。西川は、高校時代の恩師の言葉と川端の言葉を支えにして、箱根まで自分の仕事に集中してきたのだ。

宿泊先の民宿に戻ると西川はコンビニに夕食を買いに行き、監督と一緒に食べてから風呂に入って明日に備えた。寝る前に監督と往路の反省をし、復路はシード権を必ず確保し、その上で上位を狙うということになった。監督は言葉少なだが気持ちは切り替わっているようだった。

東海大・復路メンバー

6区：中島怜利（2年）

7区：國行麗生（4年）
8区：館澤亨次（2年）※郡司陽大（2年）と交代
9区：湊谷春紀（3年）
10区：川端千都（4年）

明日の予報は晴れ。日の出時刻の6時53分にはとっくに待機場所の箱根駅伝ミュージアムに選手は入っている。中島と阿部はよく眠れているだろうか。復路のメンバーなら3位以内もイケるかもしれないな。西川はそんなことを考えながら布団に入った。

6区　怪物

阿部啓明は、6区の中島怜利（2年）の付き添いをしていた。

中島からは「（付き添いを）やりませんか」と頼まれた。後輩なのに上から目線で「こいつらしいな」と思ったが、「いいよ」と即答した。ただ、日程行動表を作るマネージャーの鈴木たちからはリクエスト通りになるかわからないと言われていた。最終的にリクエスト通りになったのは阿部曰く「あいつ（中島）を扱える人というか、あいつに合う人が部にいないから」という理由からだった。

「中島は大の負けず嫌いで、『黄金世代』といわれている同期の鬼塚、闞、阪口、館澤らが注目されているのを見るのが好きじゃないんですよ。しかも『あいつらちょっと短い距離を走れるだけ。実業団に行ったら俺が上になる』って口に出していつも言っているんです。練習も自分で考えて、こうだと思うと監督の話も右から左へって感じで、一人で黙々とやっている。そんなんだからあいつに寄っていく選手がいないんです」

阿部の言う通り、中島は人にどう思われるかということを怖がらない。自分の意思や考えは、それが他選手への鋭い刃になろうがハッキリ言う。練習グラウンドで下ネタとかで騒いでいる選手を見ると「小学生じゃねえんだから」と平気で毒を吐く。

箱根駅伝の記者会見では、鬼塚、關、館澤、阪口を多くのメディアが囲んでいた。その光景を見ていた中島は、「自分とえらい格差。でも、この格差を来年はなくしてみせますよ」と、闘志を燃やしていた。両角監督曰く「横並びで人の顔色を窺って動く学生が増えている」中、中島の正直な生き方は時として孤立化を招くこともあるが、彼はそれを恐れない強さを持っている。

阿部が、そんな中島と仲良くなったのは大学3年の時、9月の紋別合宿だった。1年から4年までの4人部屋、その面子が中島、湊谷、阿部、石橋安孝（現・SGホールディングス）だった。中島以外はおとなしい性格の選手ばかりで、居心地が良かったのだろう。すぐに中島は最上級生の石橋をイジるようになり、タメロでいろんなことを話すようになった。

「あいつがタメロでイジるのは心を開いてくれたから。そこから、こいつは正直で真っ直ぐな性格のやつなんだなって、仲良くなっていきました」

中島にとって、阿部は心を許せる唯一の選手になった。

6区の朝は早い。選手の起床時間は午前2時55分だ。レース当日の朝、阿部は起きるとすぐに中島の部屋に行って起床を確認した。

「もう起きてるわ」

中島は、笑って阿部を迎えた。

2018年1月3日、午前3時15分、真っ暗な中、体を起こすために朝練習に出た。箱根の朝は冷たく、路面が凍結している場所もある。滑って怪我をしないように細心の注意をうながして、阿部は中島の練習を見守った。20分程度、軽くジョグをし終えてから宿に戻り、4時頃に朝食を摂る。民宿で食事が出るのかと思いきや早朝なので素泊まりなのだという。そのため前日にコンビニで買った大福2個、バナナ、ゼリー飲料を食した。

待機場所である箱根駅伝ミュージアムには午前6時頃に移動する。

近くにいる駒澤大や東洋大の選手はピリピリした雰囲気を出してストレッチやアップをしている。中島は知り合いの選手がいたら「おー」と話しかけたり、「早くレース終わらないかなぁ」と言ったりしながらリラックスしている。緊張感のある雰囲気の中、一人だけ違う言動をするので「なんだ、あいつは？」という感じで周囲の選手にチラチラ見られていた。

「そういう選手が走ってしまうんですけどね」

阿部は、うれしそうにそう言った。

「でも、朝起きた時はヤバかったんです」

朝起こしに行った時、中島は普通に起きていたが「今日はブレーキするかもしれないです」と、珍しく深刻な表情で呟いた。民宿の枕が高かったらしく、背中が張っているのだという。枕が高いと首の筋肉が緊張し、血行が悪くなる。そのために肩や背筋が凝るなどするのだが、朝食の時もまだ「今日はマジでヤバいかも」と弱音を吐いていた。

阿部は朝食が終わった後、20分ほど中島の背中をマッサージした。手のひらで回す感じで押すと背中がコリコリしていた。それを丁寧にもみほぐしていった。

阿部は、枕の影響もあるが、緊張感もかなりあるなと感じていた。

「中島は1年の時に箱根の6区を経験しているんですけど（59分56秒）、今回は試走で58分30秒台を出していたんです。上位で走れるだけの力がついて、周囲の期待がすごく大きいので、そういう緊張感もあるのかなと思いました」

前日には「区間賞、取るぞ」と強気だったが、その影もなかった。ところがレース前にアップして戻ってくると、中島は阿部に逞《たくま》しく宣言した。

「今日、イケるわ！」

阿部は、その言葉の真意を測りかねていた。本当に状態が良くなったのか、それとも状態は良くないけれど、自分に言い聞かす意味でそう言ったのか。

ただ、そう言ってきた中島を単純に「カッコいいな」と思えた。

下りのオバケ

午前8時のスタート前は、独特の緊張感がある。

上位のチームは総合優勝を狙い、シード権獲得を狙うチームは、ここからが本当の勝負になる。冬の朝のピーンとした冷たさの中、各大学のいろんな思いが交差し、スタート時間が近づくにつれ、選手は徐々にナーバスになっていく。

復路のスタートは箱根芦ノ湖湖畔の駐車場、往路のゴール地点でもある。そこに往路のタイム順に並び、コールを待つ。往路の1区とは異なり、6区からは基本的に単独走だ。大学名を呼ばれると前に出て、スターターの手を振り下ろす合図でスタートを切るのだ。

中島の表情を見ていると、やはり緊張しているようだった。無理もない。前日に復路を走る選手たちが「復路優勝」を誓い合ったが、これからその先陣を切るのだ。自分の走りがその命運を握っているといっても過言ではない。スタート時間が近づくにつれ、中島はどんどん無口になっていった。

「思い切りやってこい」

阿部は肩もみしながら声を掛けた。

阿部は、4年生最後の仕事に充実感を覚えていた。

「自分は高校時代から下りが得意なので4年間、箱根6区を走ることを目指してやってきました。一度も走れなかったですが、最後に付き添いという存在でスタートラインの近くまで行けた。その時は、箱根を走れなかった悔しさとかはなくて、中島に思いっ切り走ってもらいたいという一心でした。最後、『俺の分まで走ってくれ』って言ったら『あ？　うん』って適当に流されましたけどね」

午前8時、気温はマイナス1度、湿度60％。

トップの東洋大が出ていった。

その後、青学大の下りのエース小野田勇次（3年）、早稲田大の渕田拓臣《たくみ》（1年）がスタートした。中島の前には64秒差の中、拓殖大、法政大、城西大、日体大、順大の5チームがいた。

「全部、抜いてやる」

そう、心に決めた中島がスタートした。

東海大、怒濤の巻き返しが始まろうとしていた。

6区は、5区同様に特殊区間といわれている。

箱根芦ノ湖湖畔から小田原中継所までの20・8キロ。区間記録は2017年第93回大会に日体大の秋山清仁（現・愛知製鋼）が出した58分01秒だ。前半5キロは上りが続くが、その後は箱根湯本まで下りになる。100mを最速14秒台で駆け下りていくが、中島曰く「足を使わず、落ちていく感覚」という。見ている人からすると選手が矢のように通り過ぎていく感じだろう。特殊区間だけに、ここは5区同様、1万mの持ちタイムはほとんど参考になららない。コース取りやカーブでの重心移動など下りのテクニックが必要とされ、もちろん走力も求められる。総合的に下りの適性があるかどうか、ここも春から見極められていく。

6区制覇は、その下りと箱根湯本以降の平坦な道が続く小田原中継所までの3キロが重要になる。平地に入った時、うまく切り替えることができるか。下りとは違うスピードが求められるのだ。


阿部は、最初の上り5キロが中島好走のポイントになると思っていた。中島は上りが遅い。中島本人もそのことを自覚していた。そこで、どれだけ前に詰めていけるか。

5キロ手前で中島が前を行く順大、日体大に追いついた。「ハァハァ」と白い息を吐きながら坂を上がる。4・8キロの芦之湯地点、トップの東洋大とのタイム差は5分52秒、タイムは16分18秒で区間5位だった。

「中島は上りが嫌いで遅いんです。あいつ、キツいのが嫌だから頑張らない。無理してキツい思いをして走るんじゃなく、ラクして走ればいいじゃないですかって変なこと言うんです。でも、そのタイムを見た時、こいつ今日はめちゃくちゃ動いている。爆走するなって確信しました」

中島は日体大を抜き、8位に上がり、7位の順大まで2秒差に迫った。そして、9・0キロの小涌園前ポイントでは7位に上がり、トップを行く東洋大との差も5分45秒に縮めた。中島は「予定通りだ」と思っていたという。

「スタートラインに来た時、前の選手が『俺、上りが遅いから』って言っていたんです。それを聞いてラッキーだなって思いましたね。僕の前、64秒以内に5大学いたんですけど、法政は力があるんで、拓大のところまでは行けるかなって。とりあえず突っ込んでいって、上りでまず追いついて、下りで一気に追い抜いてやろうと思い、その通りできました」

中島は、その後も快走を続け、大平台ポイントでは6位に上がっていた。大平台でのタイムは38分30秒、青学大の小野田（38分18秒）、法政大の佐藤（38分26秒）に次いで3位だった。中島は今回の箱根で初めて両角監督が期待した通りの力を発揮し、計算通りの走りを見せていた。

この先15キロ地点で青学大がトップの東洋大をとらえ、首位に立った。

17・0キロの函嶺洞門《かんれいどうもん》のポイントの区間タイムも中島は47分42秒で小野田（47分21秒）に次いで2位だった。

そして、19キロ過ぎ、ついに拓大を突き放して5位に順位を上げた。

阿部は、ツイッターの情報から「すげぇな、あいつ」と歓喜した。

「やったなぁと思いましたね。あいつの何が6区に向いているのかというと、とにかく体も足も頑丈なんです。身長155㎝しかないけど、ふくらはぎとかボコボコしていて、めっちゃごついんです。下からの衝撃に耐えられるのかなって思いますし、マメとか足にできないんですよ。箱根が終わった直後は、普通だと手すりを使って歩くほど消耗して数日間はダメージが残るんですけど、あいつは3日後にはぴんぴんしてる。回復力がすごいし、そこから崩れない。ほんと怪物みたいなやつです」

中島は、6区でまさに怪物級の走りを見せていたのである。

「人間的成長なくして競技力の向上なし」

阿部は、両角監督の本のこの言葉に感銘を受けて、東海大を選んだ。

高校を卒業する前の故障が響き、大学に入学してからも出遅れた。仲間がレースに出ている間、リハビリに徹し、復帰したのは夏合宿からだった。その後も復帰しては故障してを繰り返し、1年間は何も残せずに終わった。

2年の時、夏合宿から調子が上がり、念願の箱根駅伝のエントリーメンバーに入り、6区に区間エントリーされた。しかし、直前の練習でいい走りができず、同じ学年の國行が6区を走ることになった。

「その時は、走れない悔しさがあったんですけど、國行の方が調子が良かった。チームが勝つためにはベストな選手が出るべきだと思っていたし、あと2年間あるというのもあったんでわりと冷静に受け止めることができました」

翌年、「黄金世代」と呼ばれる選手たちが入部してきても阿部の自信は揺るがなかった。

トラックでのスピードでは負けるかもしれないが箱根は20キロの戦いになる。その距離では自分の方が走れる、勝負できると思っていたからだ。秋のレースでしっかりタイムを出していけば選ばれる。2年の時に箱根メンバー入りしたことが自信になっており、「自分もイケるだろう」というワクワク感が強かった。

しかし、状況が暗転する。

「9月28日、その日を僕はしっかりと覚えています」

その日、阿部は距骨《きょこつ》という右足くるぶしの下にある部分の骨折が判明したのである。距骨とは下腿の脛骨・腓骨《ひこつ》と連結して足首を作っている部分だ。普通、長距離の選手はなかなか折れない箇所だという。やっかいなのは、回復が非常に遅いということだ。疲労骨折の場合、2、3か月で復帰できるが、距骨は骨がつきにくく、毎月MRIで検査しても目に見えるペースで回復が進まない。3か月経過しても進展が見られず、年が明け、箱根駅伝が終わっても走れない日が続いた。

阿部は少しでも早く回復したいがために、あらゆる治療を試した。

いい治療院があると聞けば、授業の合間をぬって出かけた。カルシウム、ビタミンをはじめ骨折に効果があるという高価なサプリメントも試した。鍼《はり》治療も行ったが足の裏に打ちすぎて、水膨れになった時もあった。もちろんすべて自腹。治療費は総額数十万円にもなった。

「考えられることはすべてやったんですけど結局、自然に回復するのを待つしかなくて、一時はもう走るのをやめようかなって思ったりしました。箱根を走るために東海大に来たわけですし、箱根を走るためにトレーニングをしてきた。自分は箱根しかないっていう意識ですべてを懸けていたんです。でも、この故障で3年の時は箱根を走れず、4年になっても状況が好転しない。なんのために俺はここにいるのか、わからなくなって……」

阿部は性格的に誰にも相談できず、一人で悩んだ。退部も考えたが両親が期待してくれていることを考えると簡単に「やめる」とは言えなかった。

最後の箱根を走るためには夏合宿に参加することが最低ラインになってくる。患部はまだ痛みがあったが6月末、9か月ぶりに練習を再開した。ところが阿部は、また別の問題に直面することになる。自分の体力の衰えを感じるどころではなかった。別の人間の体になっているようだった。

「故障している間、ワットバイクはしていたんで心肺機能は落ちていなかったんですが、走るための筋肉が落ちてひどかった。故障する前はAチームですが、再開した時はDチーム、一番下のクラスだったんです。でも、そのチームの選手にも置いていかれるような状態で、いつもケツを走っていた。置いていかれる気分の悪さもあるし、悔しいし、ほんと何やってんだろうって思っていましたね」

夏合宿が始まった。

8月上旬に10日間程度行われる1次全体合宿はレベルに関係なく全部員参加で、阿部はついていくのが精一杯だった。2次合宿から選抜組と育成組に分かれ、阿部は育成合宿に参加、状態が上がってきた。

2017年8月7日、第70回十和田八幡平駅伝競走全国大会で地元の鹿角陸上競技協会として出場し、4区（16・4キロ）を走った。レース復帰を果たすと夏休みの帰省期間もすべて練習に充てた。毎日、夜10時半には寝て、自分で練習場を借りてポイント練習をした。さらに八幡平の5合目（1000m）まで父親と一緒に車で上がり、そこから頂上まで12キロを走る高地トレーニングをした。学生最後の夏休みなので遊びたい気持ちもあったが、箱根出場の可能性に賭けたのだ。

父・一弘は、息子の箱根への強い思いを傍で感じていた。

「啓明の最後の箱根に懸ける思いはすごく強かったですね。中学の時、卒業文集に『箱根を目指す』と書いて、それを実現するために高校も選んだんです。高校も大学も怪我で苦しんだけど、最後はなんとか箱根を走らせてあげたいなって思って、できることはなんでも協力しようと練習を手伝いました。少し走れるようになって戻っていったので、あとはもう怪我なく箱根を迎えられればと祈るような気持ちでしたね」

3次の育成合宿でかなり走れるようになり、9月、紋別での選抜合宿では育成合宿から昇格した2名の内の一人になり、監督からの期待も感じられた。

「ようやくここまできたかって感じでしたね。とにかく長かったブランクを埋めようと必死でした。やっぱり、どうしても箱根を走りたかったんで」

距骨の骨折から1年、阿部はようやく箱根のエントリー争いができるところまでに復活してきた。最終的に箱根メンバーに入るためには、上尾ハーフが大きな関門になるが、その前に高島平ロードレースがあった。そこで結果を出せば、箱根がさらに大きく見えてくるはずだった。

しかし、その大事なレースの3日前、阿部はあろうことか風邪を引いてしまったのだ。体調管理には気をつけていたが、レース直前での発症は自分の詰めの甘さを感じざるをえなかった。

「気管支炎でした。ちょっと息するのにも苦しい状況だったんですけど、出場しないという選択肢はなかったです。薬飲んで這ってでも出て、結果を残すという気持ちで出場したんですが……」

20キロという距離は、風邪を引いた体でタイムを出せるほど甘くはなかった。10キロ付近まではなんとか先頭に喰らいついたが、その後は落ちていく一方だった。1時間04分23秒というタイムで56位、東海大の中では10位だった。

高島平の後、風邪の影響もあり、1週間練習を休んだ。

風邪が治り、気持ちを切り替えて練習に取り組もうと思った矢先、再度、不運に見舞われた。前に骨折した距骨部分に激痛が走り、走れなくなったのだ。

「血の気が引きました。もう地面に足をついて歩くのもヤバいくらい痛くて……。11月中旬の上尾ハーフは絶対に外せないポイントだったので、そこに出ないというのは絶対に考えたくはなかったんですけど、ジョギングもできず、直前合宿も走れなかった。なんなんだよって、もうおかしくなりそうでした」

足と箱根のことを考えると気持ちは落ちるばかりだった。なんで俺ばっかり故障するのか。治ったはずなのに、なんでこのタイミングで痛くなるのか……。

上尾ハーフの1週間前、阿部は練習後、グラウンドで両角監督に重要な決断を告げた。

「監督、すいません。上尾を欠場させてください」

「走れないくらい痛いのか。本当にどうにもならないのか。最後のチャンスだぞ」

「はい。もう、この状態では走れません」

「そうか……おまえが後悔しなければいい」

「はい、あきらめま……」

「諦めます」と最後まで言えず、涙がドッと溢れてきた。肩が揺れ、大粒の涙がポタポタと落ちた。これまで人前で泣くことなどはなかったが、ここまで箱根を走ることだけを目標にしてきたのだ。最後に箱根を走れないという決断を下した時、阿部の気持ちを支えていた何かが崩れて落ちた。

「阿部、そんなに泣くな。人生が終わったわけじゃない。まだ、これからだ。元気出せ」

両角監督は、優しく肩を叩いてくれた。

その姿をチームメイトは、無言で見ていた。

阿部が箱根にこだわり、その一方で故障に苦しみ、それでも復活してきた姿を選手たちは間近で見てきた。しかし、最後に箱根への挑戦すらできず、自ら幕を下ろさざるをえなかった。箱根を一緒に目指してきた仲間としてその無念さ、悔しさが理解できるだけに、選手たちは阿部が号泣する姿を自分と重ねていたのだろう、その場を動かなかった。

救う教育

その夜、阿部は父に電話をかけた。

状況を説明し、「本当に申し訳ない」と携帯を握りしめて頭を下げた。父・一弘は阿部がどのくらい苦しみ、またどのくらい本気で箱根に懸けてきたのか、知っている。断腸の思いで下した欠場という判断は非常に重いものだと理解していた。それだけに息子の涙の引退は

「もう声の掛けようがなかった」という。

「中学からの夢でしたからね。次目指してというのもないので、4年間よく頑張ったとしか言いようがなかった。親としては誇りに思いましたね。だから、まだ走りたいなら実業団で

走ってもいいんじゃないかって私は思ったんですが、箱根がないからと断ってきたんです。そのくらい思い入れが強かったので、息子の決断は非常に重いものだと思いました」

何度も「すいません」と電話口で謝る息子に父は、静かに告げた。

「謝るようなことじゃないから。おまえはよく頑張ったよ」

父の優しい言葉に、また涙が溢れた。

それから1週間は、何も考えられず、故障者としてボーッとした日々を過ごしていた。箱根を走るために必死に頑張って復活し、勝負できるところまできたのに、あと少しなんとかできなかったのかと、そのことばかり浮かんでは消えた。

「箱根がなくなって心の中にぽっかり大きな穴が開いたようになって……。正直、生きているという実感がなくて、暴飲暴食をしたりして、もうどうでもいいやってひどい生活を送っていました」

そんな時、両角監督に声を掛けられた。

「阿部、今みたいなちゃらんぽらんな状態で競技生活を終えるよりもチームのために何かをやって卒業した方が後悔がないんじゃないか。最後にチームのため、優勝するためにチームのサポートをしてほしい」

そう言われた阿部は、最初「えっ？」と思ったという。サポート役という仕事がピンとこなかったのだ。

両角監督は決して選手に「退部」を強制しない。タイムが悪くなったり、チームにマイナスだからという理由だったりで退部させることはない。「やめたい」という選手にはその理由を聞き、話をする。それは卒業するまで保護者に陸上部である子供の姿を見届けさせたいという親心からでもあるが、続けることの重要性を自分の子供たちから学んだからでもある。

長男の駿は佐久長聖高校時代、父親と同じく長距離選手になり、国体で2位になるなど活躍をして将来が期待された。しかし、東海大進学後、故障に悩み、2年時からは学業に専念した。

次男の優は佐久長聖高校時代、投手として甲子園に出場し、東京六大学の立教大学に進学した。だが、2年時に肩を壊してしまい、現役を引退した。しかし、野球部はやめず、投手コーチとして育成を任されるようになった。

「うちの息子は二人とも大学で挫折しているんです。でも、二人とも方向転換しながらも最後まで部に残ったことで違う道、新しいチャレンジを見つけられた。長男はうちの大学で陸上部のコーチになったし、次男は投手コーチとしてチームの勝利に貢献している。彼らの姿を見ると、やめないで良かったと思いますし、うちの選手も最後まで続けさせてあげたいなと思うんです。本人がどうしてもと言うなら仕方ないですが、続けることでその後にいろんな世界が広がる。だから、やめようかどうしようかと悩んでいる選手には『最後まで続けよう』と声を掛けています」

両角監督の励ましに、救われた選手は何人もいる。時には突き放す厳しさも必要だが、両角監督の「救う教育」が、東海大の陸上部には浸透しているのだ。

阿部は、監督がこんな自分でも必要としてくれることがうれしかった。

「自分の箱根は終わったけど、チームの箱根はまだこれからじゃないですか。このまま補強トレーニングだけして箱根を迎えるよりは何かチームのために働いて終わった方が、両角監督の言う通り、後悔せずに引退できるかなって思いました。それに監督は自分が苦しんでいる時もいつも目をかけてくださった。監督が自分を必要としてくれるのであれば、監督のために、少しでも役に立てればという思いだったので、『やらせてください』って言いました」

足の痛みは箱根駅伝当日になっても引くことはなかった。

最後に走りたかった6区にいられたのは、サポートをやる決断を下したご褒美だったに違いない。阿部は、そう思っている。

小田原中継所に中島が入ってきた。

トップは小野田が区間賞の走りを見せ、青学大に変わった。

東海大は青学大から遅れること5分37秒だが、9位から5位に順位を上げた。中島は7区の國行に襷を渡す前、右手で大きくガッツポーズをした。小さな体がとてつもなく大きく見えた。58分36秒、区間2位、閃光のような快走だった。

「昨年は初めてで緊張もあり、けっこうフワフワしてたんです。でも、今年は2回目ですし、10区間で唯一昨年と同じ区間を走らせてもらったんで、自分が安定した走りを見せないといけないと思いました。それに箱根に出ている選手は出雲や全日本に出ている選手が多いんですけど、僕は箱根1本ですし。1年に1本なんで、これに合わせられなくてどうするんだって思っています。そこで力を発揮できないと陸上やっている意味がないんで、走るしかないって走りました」

中島は、特に表情も変えずに、レースを振り返った。

宿泊先のホテルでその様子を見ていた川端は、思わず声を上げた。

「あいつ、やりよったー」

これで流れが変わる。次は、國行、館澤と続く。復路の面子を見たら、まだまだ順位を上げられる。往路が終わった昨日は絶望的だった目標順位の3位以内もいけるかもしれん。川端はテンションを上げ、ホテルから10区のスタート地点である鶴見中継所に向かった。

第6区　箱根町―小田原　20・8km
小田原中継所通過タイム

1位：青山学院大　6時間27分08秒
2位：東洋大　＋52秒
3位：早稲田大　＋03分46秒
4位：法政大　＋04分47秒
5位：東海大　＋05分37秒
6位：拓殖大　＋05分56秒
7位：帝京大　＋06分59秒
8位：順天堂大　＋07分14秒
9位：城西大　＋07分17秒
10位：中央学院大　＋07分22秒
11位：日本体育大　＋07分30秒
12位：中央大　＋08分31秒
13位：駒澤大　＋09分39秒
14位：神奈川大　＋11分16秒

15位：山梨学院大　＋11分34秒
16位：國學院大　＋12分00秒
17位：大東文化大　＋13分34秒
18位：東京国際大　＋14分56秒
19位：国士舘大　＋15分00秒
20位：上武大　＋18分28秒
（参考）：関東学生連合　＋26分37秒

第6区区間賞　小野田勇次（青山学院大）　58分03秒

7区　浮上せず

近年、復路は6区、8区にエースレベルの選手を置くパターンが多い。青学大は3連覇した時、6区小野田、7区田村、8区下田という強力な布陣を敷き、他大学に致命的なダメージを与えた。今回も6区小野田は自分の役割を果たし、8区には下田が控えている。その合間の7区は、前半は比較的平坦で後半の11・7キロに急な上りの押切坂が待っている。小田原中継所から平塚中継所まで21・3キロ。区間記録は2012年第88回大会で東洋大・設楽悠太（現・ホンダ）が出した1時間02分32秒だ。

コースは山側から海側に変わる。気温もグッと上がり、ある意味気象条件が最も変化しやすい区間でもある。他大学は、つなぎ区間として割り切った選手配置をすることが多いが両角監督は準エース級の國行麗生を投入した。最初の目論見では往路は競り合い、復路で勝負とにらんでいた。そのため、復路に挽回あるいは逃げ切れる選手を配していたのだ。

國行は、襷を肩にかけると勢い良く湘南ロードへと駆け出し、8キロ前まで快走していた。

中島からのいい流れを受け継ぎ、前を行く法政大をとらえようとしていたのだ。

「國行の動きがすごく良くて、これは法政だけじゃなく、早稲田も抜いて3位もイケるぞって、兵頭と二人で盛り上がっていました」

小野稔彦は、7区8キロ地点で兵頭とともにいた。

前日は4区の13キロ地点での計測だったが、そこで見た春日はかなりキツそうで、「夏の好調時の爆走を見たい」という小野の思いはあっさり霧散してしまった。

この日の小野はラインでタイムを送る役割だった。少し余裕があったので、声掛けを兼ねて國行に叫んだ。

「早稲田とも差が詰まっているぞ‼ いけ、國行！」

法政大は目視できているので、見えていない早稲田大の情報を伝えた。國行は、ほとんど反応せず、小野たちの前を駆け抜けていった。

それから後続の大学と國行のタイム差を本部に送った。

10位で走る中央学院大とのタイム差を送り終えると、小野の箱根は終わった。

監督の叱責

「今思えば、尻すぼみな4年間だったと思います」

小野は、入学時は期待された選手の一人だった。

高校3年の最後のレースとなる全国都道府県対抗男子駅伝競走大会（都道府県対抗駅伝）では春日や川端と同じレベルで走ることができていた。卒業前に東海大の練習に参加し、他の新1年生と走ったが「イケる」という手応えを得ていた。

しかし、入学してすぐにアキレス腱痛を発症し、2週間程度、離脱した。その後も故障しがちになり、練習についていくのが精一杯になった。親元を離れ初めての寮生活にも馴染めず、戸惑った。寮では仕事や当番などがけっこうあり、自分の時間を使えず、集団生活にストレスがたまる一方だった。

大学の陸上部は高校ほど管理されず、基本的に自主管理が原則だ。そのため高校時代になかった自由を謳歌し、ついつい遊んでしまった。自由時間を競技に活かす生活ができなかったのだ。それも故障を繰り返すひとつの要因になっていた。

2年になり、夏合宿を終えても、なかなか状態が上がらなかった。10月には腰痛を発症した。オーバーワークと診断されたがなかなか痛みが消えず、静養するしかなかった。上尾ハーフは当然走れず、箱根駅伝を走るためのチャンスを逸した。

「箱根を走れないのが本当に悔しくて……。箱根への思いが強すぎて、その年の箱根は見たくもなかったです」

年が明けても腰痛は完治せず、箱根を走れなかったことで気持ちが完全に落ちた。そこに「黄金世代」といわれる強力な1年生が入ってきた。態度は大きいが、レースではしっかり結果を出していく下級生を目にしながらも小野は競技への意欲を高められずにいた。

「關、鬼塚をはじめ1年はすごいなって思っていました。なんか、あいつらは違う場所を見ている感じなんですよ。もともと高校では日本トップレベルで走っていた選手たちなので、僕の目標よりもさらに上を目指して走っている。生意気ですけど、僕らと違う世界観で走っているので、かなわないなって思っていました。本当はそこで、やってやろうと思わないといけないいんですが、そういう強い気持ちになれなくて、むしろあいつらは強いから仕方ない。そんな言い訳を自分の中で作ってしまい、俺が、という気持ちになれなかった」

そのままモチベーションが上がらず、浮上するキッカケもなく、3年生の時はただ練習して終わる無為な日々を過ごした。〝空白〟となったその1年間は、1日1日の積み重ねが力に結びついていく長距離ランナーにとって、あまりにも大きなブランクだった。

4年になり、ようやく自分の気持ちが前向きになってきた。

最終学年、泣いても笑っても箱根に挑戦できる最後の1年になる。このままでは絶対に終われない。俺は絶対に箱根を走る。そうポジティブに考えられるようになったのは、両角監督の厳しい言葉があったからだった。

「2年から3年にかけてダラけてしまい、まったく結果を出せない中、3年の2月の合宿の時です。監督に『おまえは、自分で人生を組み立てていけないから結果を出せないんだ』って言われたんです。自分は末っ子で自分で考えず、誰かに頼って生きることが染みついていました。そういうところが監督には見えたんだと思います。でも、その時は自分の生き方を否定されたみたいにショックで……。監督に何も言い返せず、部屋に閉じこもって泣きました」

自分をよく知る両角監督の言葉は、胸に響いた。

両角監督には叱る時のルールがあるという。大勢の前でくどくどと叱らない。叱ったら何らかの形でフォローする。自分の経験を自慢気に語り、優越感に浸って怒る指導者がいるが、それは指導ではないという。

「自分が掛けた言葉で軌道修正がなされたり、伸びていける策を見いだしたりできるかどうか。どんな言葉を掛けるにせよ、選手が伸びないと意味がないと思うんです」

そう思えるようになったのは、高校での指導経験で選手をダメにしたり、保護者からクレームを受けたり、指導する上で多くの失敗を経験してきているからだと両角監督は言う。

根本から生き方を変えるのはとても難しいが、小野は「見返してやる」と決意し、自由な時間をすべて競技に注ぎ、走ることに打ち込んだ。長距離は全力をつぎ込めば体が素直に反応してくれるようになる。1年間、動きが麻痺していた箇所に油を差したようになり、あちこちの筋肉がリンクして徐々に走れるようになっていった。

しかし、故障から復帰し、やる気に満ち、好調になった時、再び落とし穴に陥る。

小野は右大腿部に痛みを感じ、夏前に病院に行くと疲労骨折していた。ジョグを始められたのは8月終わりの育成合宿で、9月の育成合宿から全体練習に合流、フルメニューをこなせるまでになった。調整の一環として10月21日、22日と地元の新潟県縦断駅伝競走大会に出場したが、不運なことに今度は左脚の肉離れを起こした。「ついてないなぁ」としばらく治療に専念し、練習に復帰したのは上尾ハーフの1週間前だった。

「夏合宿を走れなかったことで難しいのはわかっていたんですが、箱根への思いが強すぎてどうしても諦めることができなかったんです。現実的にチームの状況を見ると、もう箱根は自分が戦えるレベルじゃなく、雲の上の存在になっていた。正直、心が折れていたんですが、どこか諦め切れなくて上尾ハーフに出たんです」

スタートから先頭集団にはついていかず、自分のペースで走った。8キロ地点でふくらはぎに釘が突き刺さるような痛みが走り、左足のアキレス腱も鈍痛が止まらなかった。「まだ、半分も行ってない。こんなところでやめられない」と思ったが、前に一歩踏み出すたびに痛みが増した。

15キロ地点で小野は、自らの意思でコース外に出た。

「あぁ全部終わったなぁって感じでした。もう次のことを考えないといけないと思っていたんですが、なかなか次のビジョンが出てこなくて……。ボーッとしていると監督に『スタッフとしてチームを支えてくれないか』って言われたんです。すぐに返事することができず、2日間ぐらい考えました。もう一回走りたい気持ちもあったんですが、足のことを考えるともう無理かなって。そう思えた時、競技者からサポート役に自分を切り替えることができたんです」

２０１７年12月、箱根駅伝のエントリーメンバー発表の時は、箱根が完全に終わったことを実感した。翌日、両親から電話がかかってきた。

「どうなったの」

「箱根は走れないんで、スタッフになってチームをサポートしている」

「そうなんだ。箱根を走る姿が見られないのは残念だけど、その4年間を財産にして、就職した先で活かしてくれれば、親としてはそれが一番うれしいな」

応援してくれたのに、箱根を走れなかった――。

多くの選手がメンバー発表後、小野と同じような思いを抱く。両親の言葉は、小野の「申し訳ない」という気持ちを救ってくれた。

「親にそう言われたからじゃないですけど、後悔はあります。それは故障したことじゃなく、故障した後の自分です。それが正直、一番情けなかった。人のせいにして、ボンヤリ過ごしてしまった3年の時がなければと思いますが、それがあったから気づけたこともあるんで、それが自分の競技人生だったのかなと思います」

小野は、卒業後、郷里の佐渡に戻り、消防士になる。

成り上がり

國行は前を行く法政大を追っていた。

國行が7区起用を言い渡されたのは、箱根駅伝が始まる6日前だった。

平塚で22キロの周回コースの練習を終えた後、両角監督に呼ばれて車に乗り込み、そのまま7区の下見に行った。

「実は2週間前に単独で9区の試走に行って、僕は9区かって思っていたんです。でも、6日前に小田原から平塚の下見をして、あー7区なんやって思いました。7区は、前年に石橋さんが区間賞を取っていたんですが、あの人、普段の練習はあかんのに本番で力を発揮する人なんですよ。その石橋さんができるんやったらって、まぁ上から目線ですけど、自分もイケるやろって思ったし、7区の選手はたぶん自分の持ちタイムよりも遅い人が来るんやろなって思っていたんで、不安はまったくなかったですね」

両角監督からは「復路で前との差を詰めていくことになる。おまえには全日本の時のように追いついてから粘りのある走りをしてほしい」と言われた。

2017年、全日本大学駅伝の國行の走りは、東海大内でも感嘆の声が上がった。

湊谷から3位で襷を受けた6区の國行は1位の東洋大を抜き、2位の神奈川大と並走した。そして、7区の中継所前で猛烈な競り合いを見せたのだ。最後はど根性の走りを見せてトップに立ち、そのまま首位で7区の三上嵩斗に襷をつないだ。

「ここで負けたら箱根で使ってもらえない」

國行はそう思って必死だったというが、その見事な走りっぷりは、多くの選手に「あんなレース展開ができるとは」という驚きを与えるとともに「國行やるじゃん」ということを印象づけた。

國行は競り合いで負けない強さをアピールし、男を上げたのだ。

國行は、一番下のDチームからのスタートだった。

1年の時は、12月の国士舘大学長距離競技会の5000mで14分37秒44の自己ベストを出し、高校時代の記録を42秒も更新した。その後、冬の練習中に故障し、2年の春から走り出した。順調に5000mの記録を更新していったが、7月4日の世田谷陸上競技会では14分28秒52、続く7月12日ホクレン・ディスタンスチャレンジ北見大会では暑さの影響があり、14分58秒48と、タイムが落ちていった。

「なんかもうひとつ殻を破れないというか、一歩踏み出せない感じがあって、その頃はモヤモヤしていました」

そんな時、國行は先輩の石橋に「SGホールディングスの合宿に参加しないか」と声を掛けられた。SGホールディングスは関西を拠点にしている実業団チームだ。内定していた石橋がもう一人学生を連れてきてもいいと言われたので國行が選ばれたのだが、現地に行き、練習メニューを渡されて驚いた。全員同じメニューをこなすことになっていたのだ。

「東海大のようにタイム別による練習とかがなくて、みんな一緒なんですよ。で、30キロをいきなりキロ3分半とかで走るんです。大学では3分50秒ぐらいのビルドアップで、しかもクロカンでしかやったことがない。距離の不安があったし、そんなんできるわけないじゃんって思いました。でも、他に練習メニューがないんで、やるしかなかったんです。そうしたら意外とできて……。30キロやれた、俺、意外とやれるやんって思いました」

その後も國行の度肝を抜く練習メニューが次々と出てきたが、一番身になった練習があった。400mを72秒で走り、リカバリーとして100mを22秒でジョグ、それを10本×3セット行う。大学では200mを57秒で走り、100mのリカバリーは24秒だから、実業団の練習は学生にとって、かなりのハイペースだった。

「かなりキツかったですし、後半離れかけたんですけど、なんとかやり遂げることができたんです。それまでやっていなかっただけで、キツい練習もけっこうできるっていう経験ができた。それがすごく自信になりましたし、自分を大きく変えてくれたキッカケのひとつになりました」

合宿では長距離の練習もこなし、國行はタフな選手に変貌した。

「國行の成長はすごかった。最初はDチームだったけど1年の終わりからグッと上がってきて、なんか雰囲気が違ってきた。自分が上に行くんだという強い気持ちを見せ、誰にも負けないオーラを出すようになった」

田中将希は、選手が急激に伸びていく様を目の当たりにして、そういう選手が同じ学年から出てきたことを誇りに感じていた。

川端も、國行はもっと評価されるべきだと言う。

東海大には「金子伝説」がある。

現在もコモディイイダ駅伝部で長距離を走っているOBの金子晃裕は、東海ACという陸上サークルから大学2年の途中に陸上部の設定タイムをクリアーして入部してきた。多くの選手が実力の差や故障などで箱根を諦めていく中、金子は寮外生活を続け、合宿で故障者をとりまとめる仕事をしながら自分の練習に打ち込んだ。そしてラストチャンスとなった4年時の上尾ハーフで自己ベストを2分10秒上回る1時間04分09秒を出し、箱根駅伝のメンバーに選ばれた。

箱根では当日区間配置換えで10区を走り、区間4位という素晴らしい走りを見せた。地道に練習して這い上がってきたプロセスと奇跡的な勝負強さ、そして「謙虚で結果を出しても変わらず、練習をしていても陸上が好きだというのが伝わってくる人」と廣瀬が言うように人間的な魅力もあり、金子信者がチームに多かった。

だが、川端は「金子さんパターンは東海大ではもう通用しない」と言う。

「みんな、いつまでもそれを語るなって言いたい。今の東海では上尾を1時間4分台で走っても箱根のメンバーには入れないですよ。見習うなら國行を見習えばいい。あいつは自分の体のことを理解し、サボっていると言われながらも大事なポイントは外さずに結果を出して下から這い上がってきた。ここまで来た選手、いないからね。金子さんの真面目さだけじゃなく、國行のような根性やずる賢さも必要やと思う」

金子は今も実業団で現役を続け、2017年東日本実業団対抗駅伝でも2区を走っている。

だが、見習えといわれているタイプがタイム的には現在の東海大では選考基準にすら入らないのだ。真面目でストイックな姿勢だけでは勝負に勝てない。レースに勝つためには國行のようなしたたかさも重要だと川端は感じていたのだ。

両角監督の怒声

両角監督は金子とともに、佐久長聖高校時代の教え子である大迫傑も見習うべき選手だとよく言う。大迫はアジア人として初めてナイキ・オレゴン・プロジェクトに所属し、現在はアメリカをベースにプロランナーとして活動している。2018年のボストンマラソンで3位入賞、シカゴマラソンで日本新記録となる2時間05分50秒を叩き出すなど最注目のトップアスリートだ。

二人に共通しているのは群れずに自分の考えを持ち、それを貫き、結果を出すということだ。國行については「あいつは持っているもんは高いけど、意識が低い」とバッサリである。

実際、國行は監督によく怒られたという。

ただ、それが自分を変えてくれたもうひとつのキッカケになっている。

3年時、すっかりチームの中心選手に成長した國行は、箱根駅伝で3区を任された。平地区間で、自分の力を発揮できると思っていたがまったく調子が上がらず、区間17位という結果に終わった。

「本当に一生使ってもらえないようなマジなミスでやばい結果になり、監督に怒られました。それだけでは見捨てられはしないですけど、『こいつは何やっとんじゃ』ってなるじゃないですか。その後、徳島駅伝という地元のレース（区間1位）に出たんですが、寮に戻ってきてから報告をしなかったんです。次の練習の時、トラック脇の倉庫の前で怒鳴られました。その時、監督が3年間で一度も見たことがない目をして怒っていたんで、これはヤバいやつやって、マジで震えました」

練習終了時や大会などから帰ると必ず監督に報告しなければならない。記録会の時も自分たちのレースが終わると必ず監督の前に集まり、自分のタイムを報告する。これは選手として最低限の義務だが、國行は忘れてしまったのだ。

両角監督は、珍しく声を荒らげた。

「おまえは今回の箱根を機会に変わってくれると思っていた。だが、何も変わらないばかりか、報告もしてこない。連絡、報告はいつもしろって言っていただろう。おまえ、3年にもなって、そんなことを言われないとわからんのか！」

これだけ怒られたのは、その前に伏線があったからだ。箱根の結果だけではなく、普段の生活や競技に対する姿勢のことでたびたび、両角監督に怒られていた。

「朝練習は6時にスタートするんですが、僕はいつも5時59分40秒ぐらいに行ったり、体育館に集合して体育館シューズに履き替えて礼をして体操始めます、という時に僕だけまだ靴ヒモを結んでいたりしていたんです。それで監督に『普段の生活の時間配分ができんやつにどうしてレースの時間配分ができるんだ』って怒られたんです。確かになって思いました。体操する前に靴ヒモは結んでいるべきやし、そんなことをいまだに言われている自分がアホやなと。普通、そんなアホなやつって放っておかれるじゃないですか。でも、そんなことで怒ってもらえるのは、ほんまにありがたい。まぁ言ってもらえないとわからない自分が恥ずかしいんですけど、当たり前のことができていなかったんです」

監督の怒声は少し離れた野球場で掃除していた選手に届くほど大きかったという。

失った信頼は競技者である以上、タイムで取り返すしかない。その1か月後にある香川丸亀国際ハーフマラソン（丸亀ハーフ）に國行は出場を決めた。そこで1時間02分39秒の自己ベストを叩き出し、見事に結果を出したのだ。

「箱根がダメだったんで、同じぐらいの距離で結果を出さないと僕のこの1年が終わってしまう。そのプレッシャーがあったんで走れたのかなって思います。あの時、両角監督に怒られたのが人間的な部分で変われた大きなキッカケになりました。それがSGホールディングスの合宿に続き、自分にとって2つ目の大きなターニングポイントです」

4年になると春日、川端とともに4年生の「BIG3」になった。

出雲駅伝は出場できなかったが、全日本大学駅伝は6区を走り、ラストに競り負けない強さを見せ、区間2位でチームをトップに押し上げた。このレースの勇姿だけでも、國行の箱根はほぼ決まったようなものだった。

中島からの襷を受けた後、國行は前を行く法政大を追った。

法政大・岡原仁志（2年）の1万mのタイムは29分47秒74、國行は28分43秒71だった。1分以上の差があり、小田原中継所での法政大とのタイム差は50秒。10キロで1分間短縮できることを考えると十分逆転し、突き放すことも可能だった。

スタートして、すぐにピッチを上げた。

3キロ地点で法政大の背後、17秒差まで迫っていた。

5キロ地点、管理運営車の両角監督から「早稲田との距離が詰まっている。ここから3分で押していこう」と言われた。見通しのいい場所では、法政大はもちろん、早稲田大の姿もとらえていた。普通なら前を行く相手の姿が見えると、「よし」とさらにギアが入り、一気に抜きにかかるところ。ましてや前の選手とは1分以上の持ちタイムの差がある。

「でも、相手が見えたところから自分が進まなくなった。なんや、これっ、なんで動かんって感じでマジで焦りました」

國行は、足に違和感を抱き始めていた。

最後通告

山田大地は、給水員として10キロ地点、前川バス停前にいた。

國行から給水員の要請があり、山田も二つ返事で引き受けた。1年の時から一緒にジョグしたり、遊びに行ったり、お互いに信頼できる友人だった。

國行からは「水とスポーツドリンクを混ぜて、ちょい薄めに1本にして」というリクエストがあった。10分前に給水ポイントで集合して、日体大の給水係から水とスポーツドリンクをもらい、すぐに調合した。

前年は石橋安孝の付き添いをやった。指名された仕事だったが、楽しくやれた。石橋は区間賞の走りを見せ、シード権確保に貢献した。レース後、「おまえの付き添いで良かったよ」と言われ、思わず涙腺が緩んだ。今回、親友の國行が走る最後の箱根だけに石橋の時と同様に選手のために少しでも力になりたいと思っていた。

この時、山田は、何を優先して伝えるべきか迷っていた。前を行く法政大の姿が見えた状態のまま差はそれほど詰まっていない。一方、法政大の前を行く早稲田大とのタイム差はかなり縮まっている。

見えているところの正確なタイム差を伝えるべきか、それとも見えないところでも差が詰まっていることを言うべきか。

青学大、東洋大が過ぎ、早稲田大がやってきた。

國行の姿が見えてきた。山田は道路に出て、國行の後ろから外側に回ってドリンクを手渡した。

「早稲田との差が詰まっている。60秒差だ。このままいけば見えてくるぞ」

國行は小さくうなずいて、ドリンクを山田に戻した。

一緒に50mほど並走した。最後に、何か元気になって走れるような言葉を掛けようとしたが、思い浮かばなかった。

「國行、いけーッ！」

山田は、絶叫した。

國行は右手を挙げて、「わかった」と合図してくれた。

山田は、小さく手を握り、「いけ！」ともう1回、繰り返した。


山田は、東海大に入学後わずか3か月間で、5000mのタイムを8秒も縮めた。

高校の時の持ちタイムは15分06秒で陸上部の入部基準を満たしていなかったにもかかわらず、である。

当初はCチームだったが、夏には選抜合宿に参加し、最終的に紋別での選抜合宿にも選ばれた。得意な長距離で全日本を狙える位置におり、山田自身のモチベーションも非常に高かった。だが、そこまでがうまくいきすぎたのか、紋別合宿中に胃腸炎にかかり、北海道から強制送還されたのである。

「そこで歯車が狂った感じでした。それまでいい調子できていただけにすごくショックで精神的にもガクッときてしまった。箱根を走るぞっていう強い気持ちで張りつめてやってきたんですけど、この時にここまで積み重ねてきたものが一気に崩れ、気持ちが離れてしまったんです。1年目でまだ先があるからとか、そんな余裕はなかったですね。それからは走っては故障を繰り返すようになりました。その間に國行をはじめ周囲の選手がドンドン速くなり、自分は地下に潜っていってしまった」

2年の最初から1年間は坐骨神経痛に悩まされた。そして、3年の時には「黄金世代」たちが入部してきた。

「本来なら彼らと戦う気持ちがないといけないんですが、それよりも東海大の陸上部にいるってことに満足して、いれば強くなると思っていました。そこが自分の弱いところでした。そんなんだから結果が出ないですし、5000mのタイムも1年から変わらなかった。坐骨神経痛を理由にキツい練習から逃げてしまい、踏ん張りが利かなかった。あんなに箱根への思いが強かったのに、気持ちが薄れていってしまったんです」

就活もしなければならず、個人的な悩みも多かった。なんとか浮上のキッカケを掴みたいと先輩に「落ち込んだ時や苦しい時挽回できる起死回生の機会ってどうやって作ったらいいんですか」と聞いた。先輩たちには「結局は自分次第だ」と言われ、その機会を作ろうとしたがうまく実現しなかった。合宿にも身が入らず、練習をこなしているだけ。3年の時は、ぬるま湯につかるような日々を送ってしまった。

「実は、3年の春に両角監督にジョグ中に『山田』って呼ばれたんです。『おまえ、このままだと終わるぞ』って言われて。今のようなちゃらんぽらんな状態だと箱根はないぞってことなんですけど、でもその時、何クソっていう気持ちにならなかった。『あー怒られてしまった』って感じです。それって先生からの最後通告だったと思うんです。そこで耐えて練習していれば國行のようになれたかもしれないですけど、僕はそこで折れてしまった。4年に上がる頃には、もう箱根は諦めムードでした」

再び気持ちに火はつかなかった。

箱根を走れる選手は、1年から努力を継続してきている。「金子伝説」のような、そんな出来すぎた成功物語は何度も起こらない。

そうは思っていてもやはり箱根を懸けた最後のレースに挑戦したい。上尾ハーフがラストチャンスと思い、出場を目指していたが、タイムが伸びず、調子も上がらない。最終的に山田は上尾ハーフではなく、府中多摩川マラソン（ハーフ）というローカルな大会へのエントリーになったのである。

「上尾に出場できなくなったところで、自分と箱根を走る選手の間には目に見えない線が引かれた感じがしました。本当ならすごく悔しくて、どうしてって思うのが普通だと思うんですけど、その時はちょっとホッとしました。もう頑張らなくてもいいんだと囁く悪魔的な自分がいたんです。そこからは純粋に走ることを楽しんで学生競技を終えようと思いました」

そう決心すると不思議なことにタイムが上がるようになった。

2017年9月の日体大記録会の1万mでは30分38秒24で自己ベストを更新し、高島平ロードレース（20キロ）では1時間03分32秒で自己ベスト更新になった。

「純粋に楽しく走ることで力がついて、記録が出た。もう箱根はないですけど、競技者としてはタイムが一番なので、うれしかったですね」

走れるようになった山田は練習で後輩たちを引っ張る役割を果たした。「最後まで陸上をやり遂げるんだという姿勢を後輩たちに見せてほしい」と両角監督にも言われたからだ。

そして12月、箱根駅伝のエントリーメンバー発表の日を迎えた。

「もう察していたんですけど、やっぱり最後まで名前が呼ばれず、それを4年間繰り返してきたんだなって思うと寂しかったですね。箱根は実力があることはもちろんですが、やはり競技者として思いの強い選手が走るんだと思います。自分は1年から学年を上がるごとに箱根への思いが薄れ、尻すぼみになってしまった。箱根を走るためにお金も時間もプライベートも犠牲にして臨むことができなかった。すべてが中途半端だったんです」

山田は12月17日の国士舘大学長距離競技会で5000mを走って、選手としての区切りをつけることを決めた。レースは、記録よりもこれまで自分を支えてくれた人たちに感謝の気持ちを込めて走ろうと思った。ゴールする瞬間、誰に対してなのかわからないが、「ありがとう」という感謝の言葉が脳裏に浮かんだ。胸が熱くなった。

いろんなことを犠牲にできない弱さ

15キロ地点の給水ポイントでは　垂水隆が國行を待っていた。

「今日は失敗しないようにしよう」

垂水は、ちょっと緊張していた。

前日は4区、春日の10キロ地点の給水を担当していた。春日からは「どっちを飲むかその時になってみないとわからないので指を差した方を渡してほしい」と言われていた。伝言も直前に西出コーチから「早稲田と差が詰まっているんで、早稲田までいくぞ」と声掛けしてくれと言われていた。あとは前とのタイム差を言い、「これがキャプテン最後の仕事だぞ、頑張れ」と伝えようと思っていた。

給水の時、垂水は春日に向かって立っていた。

春日が左手で右を指したように見えたので、ターンして道路の中央から回って並走し、右手で持っていたドリンクを渡そうとした。しかし、春日は受け取らず、「そっち、そっち」と垂水の左手のドリンクを指した。春日は垂水が左手に持ったボトルを欲したので「左手のボトルな」という意味で左手を動かしたのだったが、垂水は対面していたので春日の左手が自分の右手を指したものだと勘違いしていたのだ。100mほど走ってようやく左手のスポーツドリンクを手渡した。

「こいつ、わかってねぇーな」

春日はそう苦笑しながら口に含み、走り去った。

垂水は、「給水員は初めてだったんでちょっと緊張しました。春日とはチグハグなやり取りをしてしまって申し訳なかった。結局、西出コーチからの伝言も『前追っていくぞ』しか言えなかったし」と、頭をかいた。

國行の給水では、同じ失敗をするわけにはいかなかった。

國行とは仲が良かった。

入学当時は、垂水はAチームに入り、Dチームだった國行よりも箱根に近いところにいた。だが、國行が着実に実力をつけてきて、2年時には逆転され、差が広がっていった。差が開いた要因について、垂水は、國行の人としての強さにあったと感じていた。

「あいつは、自分を常に持っていて人に惑わされないんです。でも自分は、こうしたいと思いつつも人の意見を聞きすぎてしまい、自分の思った通りに動けない。自分で言うのもなんですけど、真面目すぎてしまう。練習でも与えられたメニューはどんなに疲れても全部こなすんですけど、あいつはフリーの日は走らないとか、自分の体と相談してメニューは10キロだけど6キロで終えるとか、各自ジョグをキロ4分のところを5分にしたり、ずる賢いというか、自分の体を理解して要領良くやる。それは、すごいなぁっていっつも思っていました。そういう部分の差が徐々に大きくなっていったと思います」

國行自身も、その要領の良さが自分の強みだと思っていた。

「みんなは、距離を縮めたりするのをサボっているとか、サボっているのにどうして走れるんだろうって思っていたと思います。何も考えず、ただサボるだけやとただのクズやと思います。でも、印象を残さないといけない練習やラストで競り負けていると大会では使ってもらえなくなるんで、そういうところは外さずにやってきたし、やるべきことはやっていた。そこを西出先生が認めてくれていたんで、めちゃ助かりました」

大事なところを見極めて走る時は走る。ただし、それはタイムを出せるだけの走力があってこそ可能になる。その力をつけるだけの練習をして、負けない走力を培ってきた。それを知っていたから西出コーチも國行のやり方についてうるさく指導することはなかった。

垂水は、前日の春日の時と同じように二宮駅から1・5キロほど歩いて給水ポイントに到着した。國行からのリクエストで水とスポーツドリンクを混ぜて1本にした。前日のことがあったので最初は少し緊張したが、徐々に落ち着き、リラックスして待っていた。

本部からの情報では、法政大との距離を詰め切ることができず、タイムも伸びていないとのことだった。

あいつらしくない、なんかあったんかな。垂水は、國行の状態を早く自分の目で確かめたかった。沿道の声援が大きくなり、先頭を走る青学大、東洋大、そして早稲田大が過ぎていく。法政大が過ぎた後、すぐに國行の姿が見えた。

「なんか、体が動いていない感じで……大丈夫かってちょっと心配でした」

垂水は、國行の後方から回ってドリンクを渡した。

「最後だから悔いを残すな。前をとらえてあとの3人にラクさせよう。俺の分まで走ってくれ!!」

そう言うと國行がチラリと垂水を見た。

60mほど一緒に走っていると込み上げてくるものがあった。結局、自分は箱根を走れなかったが、そのコースに立ち、わずかだが走れた。苦しかった4年間がほんの少しだけ報われた気がした。


垂水は、佐久長聖高校を優勝させた両角監督の下で練習し、箱根を目指したいと思って東海大にやってきた。1、2年の時は、あと少しというところで16名のメンバー入りを果たせずに終わった。猛烈な危機感を抱いたのは、3年の時だ。鬼塚ら強力な1年生たちが入学してきたからだ。

「あいつも、あいつも来るのかって感じでしたね。もう焦りと不安しかなかったです。自分は素質があるわけじゃなく努力でカバーしてきたんですが、相手はスタート時点で自分よりも勝っている力のある選手ばかり。これはヤバい、負けないようにしっかりやらないと一度も箱根を走れずに終わると思っていました」

しかし、3年になっても状況は変わらなかった。

いつも選考のボーダーライン上にいた。箱根の選考レースの上尾ハーフで1時間04分09秒で自己ベストを出したが全体で72位、東海大内で9位だった。背水の陣で挑んだ12月の日体大長距離記録会の1万mも30分17秒69と30分を切ることができなかった。

「ダメだった理由ははっきりしていました。ラストに競り勝つ勝負強さが足りなかったんです。もともとスピードがないので、ラスト300から400mでラストスパートされると対応ができず、遅れてしまう。その対応ができるように3年の箱根が終わってからウエイトトレーニングを取り入れたんです」

最初は筋肉をつけると体が重くなるという先入観があり、抵抗感があった。

以前からトレーナーには、「下半身はわりとしっかりしているけど、上半身はふにゃふにゃだな。バランスが良くないので、そこさえやればもっと速く走れるのに」と言われていた。だが、垂水はそのアプローチをしてこなかった。走って下半身を作れば上半身もついてくると勝手に思い込んでいたのだ。速く走るために決意したわけだが、始めるタイミングも良かった。その頃、腸脛靭帯を故障しており、トレーニングする時間はたっぷりとあったのだ。

ウエイトトレーニングを始めてから食事の量も増やした。朝、晩は寮で食事を摂る際、ごはんの量を山盛りにした。昼は寮に戻らず、東海大体育会系選手御用達の「丁字屋」の弁当を食べていたが、ごはんは残さずに食べた。体重が2キロほど増えたが、故障明けに走るとスピード感が違うことに驚いた。

「特に上半身、臀部《でんぶ》とハムストリングを鍛えました。それでスピードがついて記録会とかで他校の選手に今まで苦手にしていたラストで競り勝てるようになってきたんです。イケるかもって思いましたし、もう一度箱根に挑戦しようと気持ちが盛り上がりました」

夏合宿は長い距離を走り込んだ。育成合宿だったがレギュラークラスの選抜合宿との合同のポイント練習では「こいつらに勝つぞ」と闘志を燃やした。なかなかタイムに結果が表れなかったが、夏の終わりに両角監督から「4年生ひとりひとりの行動がチームの結果につながってくる。垂水、期待しているぞ」と激励された。

「結果がなかなか出なかったので監督に気にかけてもらっていないだろうなぁって思っていたんですが、期待しているぞって言われて。うれしくて、よし箱根を目指して頑張ろうって思いました」

監督にとっては60名いる選手のうちの一人だが、選手は一対一で監督を見ている。そうして名前を呼ばれ「見ているぞ」「期待しているぞ」と声を掛けてもらうことは選手にとって一番のモチベーションになるのだ。

2017年11月22日、上尾ハーフを迎えた。

箱根駅伝のエントリーメンバーに入るための選考レース。垂水は、他の選手同様、ここに合わせて調整してきた。最後の選考レースで緊張感があったが、やる気に満ちていた。

しかしレースでは、強い向かい風に苦しみ、ピッチが上がらない。後半に伸びを欠き、1時間05分06秒に終わった。

「まいったという感じでした。もっと頑張れたと思いますけど、あとの祭りでした」

垂水は数日間、落ち込み、練習にも身が入らなかった。

もっと早くウエイトをやっていればよかった。

もっと身を入れて練習すればよかった。

後悔の念がつのるばかりだった。

「自分は、中学時代から長距離は努力だって言われて、その考えを植えつけられて頑張ってきたんです。でも、大学に来るとみんなトップレベルの素質のある選手ばかりで、しかも努力をしている。彼らに勝つには、彼ら以上の努力をしないと勝てない。素質がある人を超えるためには、いろんなことを犠牲にして努力をする覚悟が必要なんですが……」

だが、垂水は競技優先の生活を送れなかった。オフの日、疲労が残っている時は本来であれば治療に行くべきだが金がかかり、面倒だからやめてしまった。夜、午後10時には就寝しないといけないのに携帯のゲームに夢中になり、午後11時を過ぎてしまう。些細なことだが、そういうことが積み重なって競技に影響が出てしまい、ここぞという時のレースで結果を出すことができなかった。

「自分はラクな方や楽しいことを優先させてしまった。いろんなことを犠牲にすることができなかった。大学生なんだからちょっとは遊んでもいいだろう。そう思って自分を律することができなかった。それが箱根という夢をかなえることができなかった最大の理由だと思っています」

12月、箱根メンバーが朝練習の前に発表された時は、「あーそうか」と、落ち着いて聞くことができた。上尾ハーフの結果で、もう自分の箱根が終わったと区切りをつけていたので、気持ちが揺れ動くことはなかった。

垂水から給水を受けた國行は、脚の異変を感じていた。

「もう7キロぐらいから相手をなかなか詰められなくて……。序盤から追いつかないといけないと思い、かなり脚を使ってしまった。それでハムストリングが痙攣《けいれん》というか、つりかけていて1回ペースがガタンと落ちたんです。ペースを上げようとするとつりそうになるんで、最低限ペースを落とさないようにしようと。垂水から給水を受けた時、タイム差は聞こえたけど、他はまったく耳に入らなかった。つりそうな脚が気になって、どうしよう、ヤバい、ヤバい、それしか思っていなかった」

ペースが落ちる。法政大が遠のき、逆に後ろの選手がどんどん近づいてきていた。15キロ地点、運営管理車の両角監督からは、厳しい檄が飛んだ。

「後ろの拓大が迫ってきているぞ」

格下に抜かれたらヤバいと思ったが、脚が動かない。何度か片手で脚を叩いたが、つりそうになる状況に変化はなかった。その様子を後ろの運営管理車の中で見ていた両角監督は

「大丈夫か?」と思わず叫んだ。同乗していた西川には、その瞬間、監督の表情が少し歪んだのが見えた。

「おまえ、このままだと区間順位、二桁になるぞ」

両角監督からの「区間二桁」という声が國行の耳に残った。

「これは、本当にヤバい。このままだと次の館澤が走りにくい状況になる。これ以上、ペースを落とさないように必死に腕を振っていました。ラスト1キロで後ろの拓大と18秒差と言われた時は、最後は脚が壊れてもしゃーないと思い、ダッシュしました」

7区には國行の応援のために大学のバレーボール部や短距離ブロックの仲間が来ていた。前年に卒業したOBの石橋も沿道にいたがまったく気がつかなかった。國行らしくなく、周囲を見る余裕がまったくなかったのだ。

なんとか5位を維持して8区の館澤亨次に襷をつないだ。

1時間05分48秒、区間10位だった。8区の平塚中継所には、館澤の付き添いをしていた郡司陽大(2年)と、國行が1年だった時に4年だったOBの山内琢也(競技引退)がいた。

「マジでヤバい。やってしまった」

顔面蒼白になって、二人に自分の腑甲斐なさを嘆いた。

しかし、なぜ、こんな結果になってしまったのか。

コンディションは全日本大学駅伝前と同じくらいで悪くなかった。それだけに國行は、箱根をハズしてしまった理由がまったく思い浮かばなかった。

「結果を見れば力を出し切れていないのは確かなんですよ。ただ、走れなかった理由が本当にわからない。自分は20キロを走れるし、大舞台で走るのが苦手じゃない。調整も過去の経験を踏まえてやってきました。2年の時、体を軽くしていく感じにしていたんですが後半にガクンと落ちて区間11位に終わった。3年の時は軽くしすぎないように直前までがっつり走っていたんです。そうしたら疲労がたまって動けなくなり、区間17位に落ち込んだ。今回は、ジョグの距離を踏むようにして調整してきたんですけど、はぁーっていう結果でした。俺、箱根は全部ハズしているんで、相性悪いんです」

國行は、後味の悪さを抱えて、みんなが待つゴール地点の大手町へと向かった。

1年の時、川端に宣言したことは、果たせずに終わった。

大きな大会で川端に勝ち、ガッツポーズをすること。

そして、『陸上競技マガジン』の表紙を飾ること、である。

第7区　小田原―平塚　21・3km
平塚中継所通過タイム

1位：青山学院大	7時間29分24秒
2位：東洋大	+03分28秒
3位：早稲田大	+07分50秒
4位：法政大	+08分37秒
5位：東海大	+09分09秒
6位：拓殖大	+09分24秒
7位：日本体育大	+10分04秒
8位：城西大	+10分05秒
9位：帝京大	+10分17秒
10位：中央学院大	+10分21秒
11位：順天堂大	+12分57秒
12位：中央大	+13分26秒
13位：駒澤大	+14分30秒
14位：國學院大	+14分50秒

15位：神奈川大　＋15分59秒
16位：山梨学院大　＋16分55秒
17位：東京国際大　＋18分00秒
18位：大東文化大　＋18分46秒
19位：国士舘大　＋20分43秒
20位：上武大　＋24分32秒
（参考）：関東学生連合　＋36分03秒

第7区区間賞　林奎介（青山学院大）　1時間02分16秒〈新記録〉

8区　スピードスター

8区を走る館澤亨次（2年）は、2017年シーズン、1500mで無類の強さを発揮した。

関東インカレ、日本学生陸上競技個人選手権大会（学生個人選手権）、日本選手権の1500mで優勝。日本選手権を制した時は満面の笑みを浮かべ、「ラスト200mで勝負して勝てて本当にうれしかった。これまで關や鬼塚が自分の上の選手だと思っていたけど、これでようやく二人に追いつけたかなと思います。今後は同等ではなく、二人を超えてチームのエースになれるように頑張ります」と、新エースを名乗り出た。「4冠を狙います」と挑んだ全日本インカレでは6位に終わったが、スピードと勝負強さを身につけ、日本屈指の高速ランナーになった。

8月の夏合宿では長距離を踏んだ。全体練習後は車で帰らず、ホテルまでジョグして帰るなど走る量を劇的に増やした。さらに食生活も見直した。お菓子が好きでグミやどら焼き、チョコレートをよく食べていたが、一切やめてヨーグルトやハムなどを摂るようにした。睡眠時間を8時間は取るようにして、昼寝もした。体重が2キロ増え、体脂肪率が4・2%から7%まで増えたが、逆に走れるようになり、調子が上がってきた。その結果、出雲駅伝では2区を走り、区間2位で優勝に貢献した。さらに全日本大学駅伝では3区区間賞を取る快走を見せた。

その頃から「駅伝男」と呼ばれるようになった。

だが、「箱根駅伝はまったく別ものですね」と館澤が語るように、2つの大学駅伝とは距離が違う。出雲駅伝2区は5・8キロ、全日本大学駅伝3区は9・5キロ。箱根の各区間はすべて20キロ以上ある。それでも走れる手応えは感じていた。夏からの走り込みと2つの駅伝で出した結果に、これまでの練習の成果を感じ、自信になっていた。

しかし、世間が見る目は違った。

「館澤は、長い距離が苦手」

そんなことがツイッターで呟かれるようになった。11月のオランダ・セブンヒルズでは48分00秒で33位、阪口竜平に4分半の差をつけられ、印象は最悪だった。

そのイメージを引きずっていたのだろう。箱根で館澤は当日変更で郡司に代わって8区にエントリーされたが、その朝のツイッターには「館澤8区で終わったー」「館澤かー無理だぁ」と屈辱的な言葉が呟かれた。

「悔しかったですね。ちきしょー見返してやるって思っていました」

優しい顔つきだが、レースでは闘志を燃やし、根性をむき出しにして戦う男である。誰にも文句を言わせない走りを見せようと、館澤は前半から突っ込んだ。

平塚中継所から戸塚中継所までの21・4キロ。8区の区間記録は、山梨学院大1年だった古田哲弘（日清食品、のち競技引退）が持つ1時間04分05秒だ。

海沿いの134号を走り、序盤は平坦な道が続く。ポイントは給水ポイントとなる15キロを越えた後にやってくる遊行寺坂だ。高低差約30mの急激な登り坂で、さらにその後も17キロを越えるところまでダラダラとした登り坂が続く。

近年、8区にエースクラスの選手を置いて、決定的な差をつける戦略を取るところが増え、第93回大会で3連覇を達成した青学大は7区田村和希、8区下田裕太という黄金リレーで後続を突き放した。そして、4連覇を達成することになる第94回大会でも下田を8区に置き、誰も届かないような絶望的な差をぐんぐん広げていった。

東海大は、前回大会は春日がこの8区を走り、区間5位というタイムでチームを10位に押し上げ、シード権を死守した。

館澤も意地を見せた。

平塚中継所では法政大との差は32秒。スピードを活かしたダイナミックな走りで前を追い、サザンビーチが近い7キロ地点手前で館澤が法政大・大畑和真（3年）を抜いた。館澤のハーフの自己ベストは1時間03分14秒、大畑は1時間03分56秒、その差がレースに出た。

東海大は、4位に上がったのである。

「走りながら抜くタイミングだけを考えていました。抜いた後、次は早稲田を追うぞと。10キロ地点で25秒差ぐらいだったんで、とにかく詰めていくことだけ考えました」

早稲田大の8区走者である大木皓太《こうた》（2年）の1万mは30分30秒26、館澤が1年の時に走った29分50秒67より40秒ほど遅い。しかも今、館澤は法政大を軽く追い抜き、勢いがあった。12キロ地点では早稲田大との差は16秒になり、二宮ポイント——ガスト鵠沼《くげぬま》店手前では12秒差になった。

望星寮では大きな声が上がった。

「よし、これはイケる、3位いけるぞ！」

本部にいた鈴木曰く、今回の箱根でこの時が寮内で一番盛り上がったという。

西川は、館澤の走りを運営管理車から見ていて箱根本番前の言葉を思い出していた。

「平塚での練習が終わり、温泉に入って帰る時かな、『西川さん、俺、箱根を走るの最後にします』って言うんですよ。何言ってんだよ、おまえまだ2年も走れるじゃん。『いや、自分は長い距離が苦手なので、短い距離をやりたいんです』。いや、でもおまえ、駅伝走れるじゃん。『今回は、西川さんにいい思いをして卒業してほしいんで、自分は箱根を走って結果出します』って言ってくれたんです。その表情とかすごくマジで、しかも実際に目の前で爆走してくれた。館澤の走りに泣かされそうになりました」

15キロ地点、運営管理車の両角監督から声が飛んだ。

「館澤、いいペースだ。早稲田との差は7秒だ。さぁここから行くぞ」

館澤は右手を軽く挙げて応えた。

そして、15・5キロ地点、藤沢橋を越え、遊行寺坂を前にして館澤は早稲田大と並んだ。早稲田大の大木は前に行かせてたまるかとばかり、館澤をブロックし、懸命に粘る。２００ｍほど並走し、歩道側を走っていた館澤は大木の後ろから回って道路側に出た。一瞬、大木の視界から消え、外側から一気に加速して抜いていったのだ。大木はまったく対応できなかった。それは１５００ｍで鍛えたスピードが長距離の中でしっかりと活かされたシーンだった。

大きなものを目指せ

他大学、例えば東洋大は基本的に距離中心の練習だが、校内のクロカンコースをはじめ、ゴルフコースを走るなど不整地のトレーニングを多くしている。体幹を使って走るフォームを身につけ、バランス良く走れるようになるからだ。そうして養われた筋力が箱根往路で見せた力強い走りに表れていた。ＯＢも強く、東京マラソンで日本記録を更新した設楽悠太

（現・ホンダ）など、東京五輪での活躍が期待される選手が多い。

青学大はトラックシーズンも距離を走る練習を欠かさず、1年トータルで20キロに強い選手を生んでいる。それが箱根で勝つためと割り切っている。

東海大は今シーズン、トラックでスピードを強化し、そのスピードを長距離に活かして戦うスタイルを極めてきた。ウエイトトレーニングに力を入れ、必要な筋肉をつけて体幹を安定させて走るアメリカ式の強化方法を取り入れてきたのだ。館澤の体は長距離選手とは思えない筋肉がつき、スピードもついた。

さらに海外遠征にも積極的に参加している。

館澤、阪口、松尾の3人は11月19日、オランダ・セブンヒルズに出場した。箱根間近になるとコンディションのことを考え、海外遠征に選手を出さない大学が多いが、両角監督は「海外での経験が選手の力になる」と世界を経験させている。これ以前も2月には闞、鬼塚、阪口が1か月以上の間、アメリカのオレゴン大で合宿生活を送り、7月には館澤、闞、鬼塚がベルギーなどのレースに参戦。夏にも2週間程度、闞たちはアメリカ合宿に行き、現地の学生たちとも一緒に練習した。

それは、世界に通じる選手を育てるという監督の育成理念に基づく。

「指導者として教え子が五輪に出て活躍する姿を見たいというのはありますし、そういう選手を輩出できる指導をしていきたいと思っていますが、この言葉の本当の意味は、『大きなものを目指せ』ということです。世界を目指すことはチャレンジするということ。力のある選手はそこを目指し、弱い選手は自分で壁を作らず、例えばCチームにいてもBチームやAチームを目指したり、もっと先の大きなことにチャレンジしたりしていこうということです」

両角監督の教え子には東京五輪のマラソン選考レースになるMGC（マラソングランドチャンピオンシップ）への出場権を、2018年2月の東京マラソンで総合8位2時間08分58秒で獲得した佐藤悠基（現・日清食品グループ）、昨年8月の北海道マラソン優勝で獲得した村澤明伸（現・日清食品グループ）、同じく2017年12月の福岡国際マラソンで総合3位、日本人1位になり出場権を獲得した大迫傑（現・ナイキ・オレゴン・プロジェクト）の他、多くのトップランナーたちがいる。

彼らのトレーニング方法は独特だ。

大迫はアメリカのナイキ独自の練習方法に取り組み、クロカンや3000mなどマラソンと違うレースを経験し、走る力を身につけている。2018年2月の東京マラソンで16年ぶりに日本記録を更新し、1億円の賞金を得て話題になった設楽悠太の練習も独特で、公式レースを練習の一環として考え、「30キロ走以上、走らない」という。

マラソンの強化戦略プロジェクトリーダーの瀬古利彦は現役時代、1日の練習で40キロ走った上で2000mを4本走り、さらにインターバル走でスピード強化をしていた。豊富な走り込みで強くなった成功体験から今の選手たちにも「とにかく距離を踏め」「たくさん練習しろ」と長い距離を走ることを勧めてきたが、彼らは従来の長距離の練習方法にこだわらなかった。旧態依然とした練習をしても何も変わらないし、強くならないと感じたのだろう。実際、16年間も男子マラソンの日本記録は更新されなかったのだ。このままでは世界で勝てない、高速化の進む世界の長距離界で戦うためにどうしたらいいのか、冷静に考えた。

その答えが、自分に合った「自分流」の練習の確立だった。

そのために、彼らは失敗も含めて、いろんな経験をしてきている。両角監督は、そういう経験を学生の時からたくさんすることが、世界で戦える選手になるために重要だと考えている。海外遠征は多くのことを学べる大事な場なのだ。

「長距離界は駅伝も含めて注目されている競技なので指導者も熱心ですし、保護者も過保護な感じなんですよ。選手に目をかけすぎて、失敗する前にリスクを全部排除してしまうんです。それでは選手は成長しない。何も言わずやらせて、失敗して、考えて、そこで初めていろんなことを学べる。だから海外に行かせたり、失敗を経験させるためにレースに出したりする時もあります。大迫たちはそうして今の自分のやり方を見つけて成長していった。だから、うちの選手たちにも海外をはじめ、いろんなことを経験し、失敗し、気づいて、自分で考えて走れるようになってほしい。そういう選手しか世界では戦えないんですよ」

4年生でいえば國行は監督から何度も怒られ、いろんな失敗から多くを学んで成長してきた選手だ。館澤も苦い経験を重ねて成長してきている。7月にオランダとベルギーに遠征し、

「食事も合わないですし、2週間で4レースはキツかった。でも、そのおかげでけっこうタフになれました」と海外遠征の成果を語っている。11月にもオランダのセブンヒルズに出場し、その時の結果は今ひとつだが「経験」を増やしてきた。

館澤は東海大の強化の成功例であり、すでに世界に向けて動いているのである。

その館澤が8区で、実力を披露した。

「正直、遊行寺坂のあたりはキツかったです。でも、早稲田の方が自分よりもキツそうだったんで、これはイケるなって思っていました。沿道からすごい応援を受けたし、両角先生からも言葉を掛けていただいて、気持ちでなんとか走ることができました。特に先生には、セブンヒルズ以降、その走りを覆すような走りができていない中、それでも今回使ってくれたので、なんとかその期待に応えたいと思っていました」

早稲田大をとらえてからも館澤のペースは落ちなかった。

湊谷に襷を渡し、ガッツポーズを見せた。

「あと、頼みます」

湊谷は館澤の背中を叩いて応えてくれた。

館澤は渾身の走りで青学大の下田に次ぐ区間2位となり、東海大を3位に押し上げたのである。

第8区　平塚―戸塚　21・4km

戸塚中継所通過タイム

1位：青山学院大　8時間34分10秒
2位：東洋大　＋06分15秒
3位：東海大　＋10分40秒
4位：法政大　＋11分32秒
5位：早稲田大　＋11分45秒
6位：日本体育大　＋11分53秒
7位：城西大　＋11分58秒
8位：中央学院大　＋13分29秒
9位：帝京大　＋13分38秒
10位：拓殖大　＋13分50秒
11位：順天堂大　＋15分09秒
12位：中央大　＋17分05秒
13位：駒澤大　＋18分17秒
14位：神奈川大　＋18分35秒

15位：國學院大　＋18分47秒
16位：山梨学院大　＋21分47秒
17位：大東文化大　＋21分49秒
18位：東京国際大　＋22分19秒
19位：国士舘大　＋24分38秒
20位：上武大　＋31分02秒
（参考）：関東学生連合　＋40分55秒

第8区区間賞　下田裕太（青山学院大）　1時間04分46秒

9区　ジレンマ

シード権を争う大学は、ここからが勝負になる。10位前後でタイム差が1分以内ともなれば、この9区、最後の10区と壮烈なドッグファイトが展開される。

ここ数年、連勝の青学大はここに準エースを投入せず、8区までに勝負を決め、9区、10区は流してフィニッシュしている。つまり、出場した選手の持ちタイムに合わせてマイペースの走りをしてくれればいいという考えだ。

戸塚中継所から鶴見中継所まで23・1キロ。2区の裏コースなので、コース自体は厳しい。戸塚中継所を出てから一気に下り、権太坂も下ることになる。下りの適性の強い選手、さらにラスト1キロはアップ&ダウンが続くので走力がある選手が起用されることになる。区間記録は、2008年、第84回、中央学院大の篠藤淳（現・山陽特殊製鋼）が出した1時間08分01秒だ。

湊谷春紀（3年）は9区を走る選手で唯一、1万m28分台の記録を持っている。トラックでのスピード強化という流れから外れ、自分が得意とするロード中心に練習を積んできた。そのために2年生の主力選手よりも20キロ以上の距離には絶対的な自信を持っていた。普通に走れば、3位という順位をキープし、さらに後続との距離を引き離す計算ができる。

出足から湊谷は自分のペースで淡々と走っていた。

走りには、その選手の性格が反映される。

湊谷は、自ら「口下手」と言うようにおとなしく、真面目な選手。黙々と自分のすべきことをこなしていく芯の強さがある。強烈なリーダーシップを発揮して引っ張っていくタイプではないが、次期主将候補でもあり、両角監督の信頼は厚い。

「前の青学、東洋とはだいぶ開いていたので、そこは考えず、自分の走りで後続をしっかり離して川端さんにつなぐ。それだけ考えていました」

しかし、権太坂手前から湊谷は徐々に後続の法政大、日体大、早稲田大らに距離を詰められてきていた。

トップは青学大が独走している。

5区の竹石尚人が東洋大との差を詰めてから6区の小野田勇次が抜いてトップに立ち、7区の林奎介が区間新の走りでさらにリードを広げ、8区の下田裕太でダメ押しをして優勝をほぼ確実にした。盤石のレース展開。走る選手全員が自分の実力を発揮し、落ち込むポイントがひとつもない。

青学大の強さは、普段から20キロ以上の距離を走り込み、万全の「箱根対策」が取られていることや大会までの1か月の調整期間でのコンディション作りなど勝利のメソッドが確立されていることが大きい。大会直前になると「青トレ」を生んだ中野ジェームズ修一が主宰するスポーツモチベーションのスタッフが合宿所に入り、コンディション調整に万全を期す。それでも普通はブレーキになる選手が出るなどするものだが、青学大の場合、ブレーキどころか林のように箱根初出場でいきなり区間新を出すような選手が出てくるから驚きだ。

両角監督は、青学大の強みはそうして鍛えられた選手たちと、原監督の選手を選ぶ際に働く勘にあると以前から語っていた。

「原監督は結果やデータだけじゃなく、直前まで選手の状況を見極めて最後は自分の〝勘ピューター〟で選手を起用している。私も自分の勘だけで決めたいと思うこともあるんですが、それはできません。なぜなら勘は具体性に欠けるからです。二人の選手のうち、どちらかを選択する時、私の勘を頼りにタイムが遅い方の選手を選ぶと、試合でいいタイムを出し、練習をしっかりやっている選手は『なんで外されるんだ』と、なる。その時、『私の勘だよ』って言うと『なんだ、それ』ってなるじゃないですか。でも、そういう勘は往々にして当たっているんです。原監督は、そういう勘を自由に使えるし、それが当たる。それが大きいですね」

原監督の勘——もちろん直観力が優れていることもあるが、選手と寮生活をともにし、生活面を含めて選手のさまざまな情報を得て働くものだ。スポーツ選手に特別なシーンで働くといわれる動物的勘とはちょっと違う。

2017年の箱根では、その勘が冴えた。秋山雄飛は箱根本番1週間前までは調子が上らず、部員の誰もが今回は難しいと判断していた。だが、原監督だけは数日前から調子が上がってきたことを見抜き、秋山を3区に投入した。原監督に「湘南の神」と言われた秋山は、その期待に応えて区間賞の走りでトップに立ち、3連覇達成に貢献したのだ。原監督の勘ピューターを支える選手を見る眼力と常識にとらわれない判断力は、勝負師としてすごみが感じられるものだった。

両角監督も本来であれば寮で選手と一緒に生活していきたい考えがあるが、大学内部でクリアーすべき問題が多くあり、実現できていない。

だが、采配について原監督のやり方に一理ありと考えているのであれば、両角監督も長年築いてきた実績と経験、選手を見極めてきた自らの視点に基づく勘で選手の起用を実現してもいいのではないかと思ってしまう。

「そうできないのは、私の押しの弱いところかもしれません。几帳面な性格で大胆な行動を取れないんです。それにタイムや結果は選手にとって一番大事なもの。それを中心にして選考するのは、練習に真剣に取り組むことにつながります。練習を適当にやっているとタイムも結果も出ないので使ってもらえない。だから選手は頑張って練習するんです。でも、私の勘で起用してしまうと『結局は勘かよ』ってことになってしまう。そうすると練習の手抜きが始まり、日々の活動がしづらくなるんです。箱根では、その難しさと毎回、戦っています」

練習は嘘をつかない。しかし、それだけでは箱根のようなレースでは勝てない、と両角監督は言う。それでも自分の最終的な判断をタイムというフィルターにかけてしまうのは、選手への影響を考えてという理由だけではない。

目的は人材育成

青学大が箱根駅伝に勝つために高度にカリキュラム化されたメソッドで選手を育成し、勝てるチームを形成する「箱根駅伝部」であるのに対して、東海大は伝統的にスポーツが強い大学として個々の選手が追求する種目を強化し、卒業後にプロや実業団で走る選手を育成する高度な競技力を磨く「陸上部」だ。

簡単にいうと箱根に勝つためのプロ集団と、大学という教育機関でスポーツを通じて個々の成長と人格形成に重きを置く運動部、アマチュアとの違いといっていい。

両角監督が原監督のように大胆な起用に踏み切れないのは、そうした部の目的の違いが背景にあるとともに教員としての立場が影響しているように思える。

原監督は中京大を出て中国電力で5年間、陸上競技を続け、その後現役を引退。10年間のサラリーマン生活を経て監督になった。現在は青学大の職員だが教員ではないので、成績が悪くなれば最悪の場合、解任される可能性もある。リスクを負う分、自分の思うまま自由に采配を振るえる。

両角監督は東海大陸上競技部出身で箱根駅伝にも4年連続で出走している。日産自動車、ダイエーと実業団を経て、95年、28歳で佐久長聖高校の体育教師になった。初代駅伝部監督として練習場もないところから、石ころを拾い、自ら重機を使い、クロカンコースを作るなどしてチームをコツコツと強豪校に育てた。そして、2008年第59回大会の全国高校駅伝で初優勝を果たした。その後、2011年4月、東海大の体育学部の准教授に就任した。両角監督を支える西出コーチもまた教員である。福井県立美方高校陸上部の監督時代に両角監督から勧誘を受け、「選手の良いところを引き出していけるチームを作ろう」という指導理念に共感。コーチとして両角監督を支えようと2014年に東海大の体育学部の講師になり、現在は准教授になっている。

教員だからできることもある。

両角監督は選手全員の成績表をチェックし、グラウンドでのタイムからは見えない学生の一面を読むようにしている、例えばそれぞれ15回授業がある中、すべて3回ずつ休み、単位を取っている学生がいた。計算してうまく休み、なんとか単位を取れればという考えが透けて見える。そういう時は選手を呼んで「見てないところでしれーってやってうまく渡ろうとする。単位は取れるかもしれないが、こんなことを続けていたら横着な人間にならんか」と話をする。学業から選手の違う一面を見つけ、陸上の指導に活かすのは教員にしかできないことだ。

専任監督ではなく、指導は教育であれという、それが東海大の基本方針なのだ。

それゆえ大会で出走者を決める際は一定の評価基準の枠に選手を落とし込み、より公平に判断するという教育者としてのスタンスが常にある。

「箱根は勝負ですが、教育なんですよ。そこはハッキリしています。もちろん箱根にチャレンジする限り目標は優勝です。でも、目的は違います。東海大は勝利至上主義ではなく、たとえ勝てなくてもいい人材、いい学生を育てて世に送り出すという人材育成が目的なんです。最近は大学スポーツもプロっぽい体制になってきていますが、うちは違う。古臭いかもしれないけど、それが東海大のやり方なんです」

それでも両角監督ほどの経験と実績のある指導者であれば「ここぞ」という時は、自らの勘で勝負してもいいと思えるのだが、最終的にはタイムと実績を優先させて判断してしまう。そこに勝負師になり切れないジレンマを抱えている。

もしかするとそれが箱根で苦戦する理由のひとつなのかもしれない。

目前のレースは、箱根スペシャリスト軍団である青学大のビクトリーランと化している。東海大は、3位を維持している。

0区の選手たちは、ゴール地点である大手町に電車で向かいながら、ツイッターやラインで戦況を確認していた。3位は目標順位であるし、おまけに1週間オフがついてくる。正月の大きなお年玉をもらえるチャンスは、まだ続いていた。

最後まで死守できるか。

湊谷は、序盤はいいペースで走っていた。

ところが15キロ、横浜駅手前あたりで走りに異変が生じた。

単独走だった湊谷は〝冷たい強風〟の影響をもろに受けて体が揺れ始め、ペースが落ち始めたのだ。その一方で後続の早稲田大、法政大、日体大が4位集団を作り、ペースを上げて湊谷を追っていた。

横浜駅を越えた地点では、1分以上あった4位集団との差が22秒になっていた。湊谷のタイムは通過6人中の5位。タイムが伸びていない。

運営管理車の西川は、「3位はアンカー勝負になりそうだ」と覚悟した。

「湊谷は風の影響を受けて、けっこうヨレヨレになって流されていたんです。かなりキツそうだなぁって思っていました。後ろの早稲田とかが元気良かったんで、つらいけど粘ってほしいなって祈る気持ちでした。でも、そこから一瞬、湊谷の動きが変わったんですよ。あれ、持ち直したのかなって思いつつ、沿道を見ていたら湊谷の秋田工業高校時代の恩師の大友（貴弘）先生が応援していたんです。そこかーって思いましたね」

19キロから20キロのラップは3分14秒。20キロから21キロも同じレベルで推移していた。早稲田大の清水歓太（3年）が追い上げ、21キロ地点では湊谷との差は12秒まで迫った。この状態では圧倒的に追われる方の分が悪い。

尻に火がついた湊谷は運営管理車からの「早稲田が来てるぞ！」という両角監督の声に反応し、必死に粘る。後半に粘りを見せられるのは湊谷の持ち味でもある。

「はぁはぁ」と荒い息遣いをし、苦しそうに表情を歪めながら3位を守った。

第9区　戸塚—鶴見　23・1km
鶴見中継所通過タイム

1位：青山学院大　9時間46分01秒
2位：東洋大　＋05分22秒
3位：東海大　＋10分19秒
4位：早稲田大　＋10分33秒
5位：法政大　＋10分59秒
6位：日本体育大　＋11分39秒
7位：城西大　＋13分21秒
8位：拓殖大　＋13分40秒
9位：帝京大　＋13分42秒
10位：中央学院大　＋14分32秒
11位：順天堂大　＋15分36秒
12位：駒澤大　＋17分13秒
13位：神奈川大　＋18分33秒
14位：中央大　＋19分21秒

15位：國學院大　＋20分05秒
16位：大東文化大　＋22分35秒
17位：山梨学院大　＋23分55秒
18位：東京国際大　＋24分46秒
19位：国士舘大　＋26分13秒
20位：上武大　＋33分21秒
（参考）：関東学生連合　＋41分58秒

第9区区間賞　清水歓太（早稲田大）　1時間10分39秒

10区　異変

アンカーの川端千都は、気持ちが必要以上に高ぶることもなく、落ち着いて湊谷が来るのを待っていた。走る直前、両角監督から連絡が入った。

「今、3位だ。後ろの早稲田とは14秒差、おまえはその差を広げるだけだ。前の東洋大とはだいぶ開いているのであまり意識しないでいこう」

万全の状態なら、その差は自分にとって十分すぎるぐらいの余裕になった。だが、左脚に爆弾を抱えた状態ではどうなるかわからない部分もあった。

「でも、こうしてスタートラインに立っているわけやし、みんなの代表として走るんで言い訳なしに走ろう、勝負したろって思っていました」

苦悶の表情の湊谷から襷を受けた川端は、慣れた手つきで襷を肩にかけ、最後の23・0キロを駆け出していった。

左脚の痛み——川端がそれを感じたのは、2017年12月上旬に行われた富津合宿の時だった。

下腿内側に痛みが出る「シンスプリント」である。むこうずねの骨に沿って、その付近の筋肉に炎症が起こることで生じるものだ。一点集中で痛みが続く場合、疲労骨折を疑うケースもあり、ランナーにとってはやっかいな故障だ。

最初は少し痛みが走る程度だったが、中旬には歩くだけで痛みが出るようになった。

この時期、大学には多くのメディアが取材に来るようになる。

例えば青学大は箱根駅伝1か月ぐらい前から日本テレビがほぼ密着状態になる。箱根駅伝当日のネタ探し、さらに『もうひとつの箱根駅伝』など箱根後の番組のために仕込みを行っているのだ。

東海大は青学大、神奈川大とともに優勝候補に挙げられていたので、注目度は非常に高かった。そのため例年以上のメディアが湘南キャンパス内のトラックを囲むようになっていた。

川端は痛み止めの薬を飲んで練習に参加していた。

エースが走れない状態であることをメディアに見せるわけにはいかなかったのだ。

川端の足の状態は完全回復には至らず、往路ではなく復路での起用が決まった。万全ではない状態では、やむをえない判断だった。

「復路って決まった時、正直、下を向いてしまいました。やっぱり往路を走りたかったんで。

去年の箱根の往路、うちは転《こ》けたんですけど、下級生に任せてしまって波に乗れなかったんです。今年は、自分が往路を走ってチーム目標の3位内に入る往路順位を作りたかった。だから、ずっと2区を走るつもりで準備してきたんです。でも、故障でそれができなくなって……。ただ、自分以外の選手の状態がすごく良い中で、こんな自分でも起用を考えてくれたのはほんまにありがたかったです。それで最後までモチベーションを落とさずに準備できました」

この頃、母・めぐみの元には超音波治療をしている足と痛み止めの薬の写真がラインで送られてきた。

「うわーこれは最後、走らんかなって思いました。でも、本人は足が痛いとか言ってこんし、聞くのも嫌なんでね。当日、10区を目指して行って出なかったらそのまま帰ろうと思っていました」

川端家では毎年、走る前日に京都・西舞鶴から東京まで車で8時間かけて応援に行く。4年生最後の箱根は10キロの給水地点で初めて横断幕を掲げて応援しようと考えていた。

箱根の区間エントリーが発表されたのは2017年12月29日、川端は10区のアンカーとして登録された。それから2日後、各区間を走る選手と監督、コーチのミーティングが行われた。通常は選手の現状とその選手に期待する走りなどが告げられるが、川端のコンディションについての話し合いが続いた。

「川端、おまえ、イケるのか」

両角監督が最終確認をした。

「イケます」

「よし、じゃ10区はおまえに任せる」

「はい！」

最終的に10区は川端でいくことになったが、当日、故障箇所が悪化するケースもありえる。そのため川端の付き添いは西出コーチと補欠の湯澤舜（3年）にして、当日変更にも対応できるように準備をした。

走れないポイント練習

「そろそろ来るな」

小林和弥は、3キロ地点で計測係の長祐作（1年）、応援の遠藤拓郎（2年）の3人で川端が来るのを待っていた。小林は当初、阪口の付き添いだと思っていた。阪口から直接「和弥さんにお願いしたいんですけど」と言われたからだ。計測員の仕事をマネージャーから言われたのは30日だった。その時、小林は「阪口が2区を外れることになったのかな」と思っていたが変更はなく、違う人が選ばれたんだなと理解した。

川端が来た時には、本部からの情報で4位の早稲田大との距離を伝えなくてはならなかった。同時に前を行く東洋大、さらに後続の早稲田大、法政大、日体大とのタイム差を計るのが仕事だった。

「かわばたーッ、26秒開いてるぞ」

小林は、大きな声で川端に伝えた。

川端は、ピクリと反応し、アッという間に通り過ぎていった。


その姿を見ながら小林は「あぁやっぱり走りたかったなぁ。夏に調子が戻ってきてくれていれば」と独り言のように呟いた。

小林は、1、2年の時はなかなか駅伝メンバーに絡むことができなかった。3年の時には12月に1万mで29分38秒31（日体大長距離競技会）、5000mでは14分08秒36（12月、平成国際大学長距離競技会）の自己ベストを出した。

しかし、箱根には届かなかった。

「東海では1万mだと28分台、5000mだと13分台がないと駅伝は走れないんです。自分は5000mでタイムが足りなかったですし、先生が求める箱根で使いたい選手、使いたいレベルに達していなかった。こいつを使っても大丈夫だろうという信頼感みたいなものが自分になかったんです。だから、4年になったら5000mでしっかりと13分台を狙って走り、まずは出雲を目指そうと思いました。そこをクリアーできれば少しは監督の信頼も得られるだろうし、全日本、箱根とつながってくると思ったんで」

4年生になった小林は、練習では常に先頭を走った。

下級生の時、練習の際はいつも上級生が先頭に立って走っていた。自分が最上級生になった今、その姿勢を後輩たちに見せていこうとしたのだ。しかし、そこで無理したわけではないが、5月ぐらいから急に走れなくなった。ポイント練習をこなすことができず、遅れたり、途中で止まったりした。5月の関東インカレの3000mSC（障害）に向けて調子を上げていかないといけないが、ポイント練習ができない。苦肉の策としてジョグと3000m走で負荷をかけていくようにした。予選は1位で通過したが、決勝は9分13秒98で12位に終わった。

「ポイント練習の前の準備とかはいつも通りなんですが、ポイント練習で走れない。原因はなんだろうって血液検査をしたり、トレーナーにも相談したんですが、よくわからない。原因がわからないのでストレスがたまり、ポイント練習やだなぁって思うので練習にも集中ができない。試合も走れるイメージがないんで楽しくない。気持ちがネガティブになって心身ともにダメでした」

トレーナーに体を見てもらう回数を増やしたりしたが原因はわからず、浮上のキッカケは摑めなかった。夏合宿も与えられた練習ができず、充実感はまったくなかった。

夏明け、秋シーズンの調子を測るために日体大記録会に出場した。

予想はしていたが、31分21秒03とまったく走れなかった。目標にしていた出雲駅伝の出場はかなわず、全日本大学駅伝も監督の構想に入っていなかった。追い込まれた小林は、「客観的に難しいと思ったんですが、ワンチャンスを決めよう」と上尾ハーフに出場した。しかし、練習が満足にできていない状況では思うようなタイムが望めるはずもなく、1時間09分00秒という想定外のタイムに終わった。

「惨敗でしたね。ここで箱根は完全に吹っ切れました。箱根を走れないショックはありましたが、僕はもともとトラックが好きなんです。1万mで28分台というのも駅伝を走るのと同様に価値があるものだと思っていました。大学を卒業して大舞台で勝つことが監督への恩返しになると思っていたので、練習メニューがトラックに変わったのと時を同じくして切り替えはできました」

駅伝を走るために頑張らないといけないというプレッシャーがなくなった12月上旬、突然、調子が良くなってきた。

「12月に国士舘大学長距離記録会があったんですが、その4日前のポイント練習で600m6本プラス、600m、400m、200mをしっかりこなせたんです。国士舘大の記録会は良くなかったんですが、その後も練習はうまくいった。特にジョグの感覚がイメージ通りというか、無理なく進む感じでした。それまで4分ペースがちょっとキツいなぁって思っていたんですが、これで4分？　って感じで余裕を持って走れたし、動きがラクになってきたんです」

憑《つ》いていたものがサッと消えてなくなったような軽快さで走れるようになった。走れる小林が帰ってきたのだった。

それから練習で再び後輩たちの前を走るようになった。それが箱根を走れなかった自分が後輩たちにしてあげられる最後の仕事だった。

「ポイント練習ができなかった原因はなんだったのかって思いますね。3年の時と何が違うのかって、後輩たちの先頭に立って引っ張っていかないといけないという意識の違いだけなんです。多少引っ張っていかないといけないというプレッシャーがあったけど、それが原因のすべてではない。結局、よくわからなかった。戻ってこれたのはうれしかったんですが、ちょっと遅すぎましたね。夏に戻ってこれれば出雲や箱根の選考レースを走れたと思うんで」

小林は、卒業後も実業団で競技を続ける。

「自分に起きたということは、何かしら意味のあることだと思います。今はまだわからないですけど」

原因不明の不調は、卒業後も走りつづけるためのいい経験だと思っている。

衝突

川端は1年の頃から尖《とが》った存在だった。

京都・綾部高校は陸上の強豪校ではないが、川端は高校2年の時に3000mSCでインターハイ2位、5000mでも14分11秒08を出して陸上界で注目を浴びる存在になった。多くの大学から勧誘を受け、東海大と東洋大が残った。東海大のユニフォームが恰好良く、たまたま挨拶に来ていた両角監督と話す機会があったものの、最後は直感で東海大を選んだ。

東海大では競技者として突出していたが、マイペースで我儘《わがまま》な彼の言動や振る舞いがチームに与える影響も大きかった。

「1年の時、同期で話をしていたのは春日と廣瀬だけです。この二人は特待生だったんで負けんとこって思っていました。他の同級生は正直どうでもいいって感じでした。5000m、15分前後の選手が13分台出すのってほんまに難しい。でも、駅伝で勝つにはそのタイムが必要なんですよ。その基準に達する可能性が少ない選手には興味は全然なかった。唯一、例外が國行でした」

川端が1年の時の東海大は箱根駅伝に出場するために予選会を戦うレベルのチームだった。突出したレベルの選手が少なく、川端は1年から即戦力になった。

関東インカレに出場し、9月の日体大長距離記録会1万mで29分10秒24の自己ベストを出し、箱根駅伝予選会（20キロ）では1時間00分14秒の自己ベストで15位、東海大内で2位という成績だった。東海大は総合5位で予選会を突破し、箱根への切符獲得に貢献した。

全日本大学駅伝では2区を走り、3大駅伝デビューを果たした。さらに第91回箱根駅伝でも花の2区を走り、1時間08分32秒で区間7位と、1年生ながら素晴らしい活躍を見せた。川端もその時の箱根が「4年間の中で一番印象に残っている」と言う。

鮮烈なデビューを果たし、「東海に川端あり」と鮮明に他大学に印象づけた。

成績を出せば、上級生もなかなか意見が言えなくなる。

東海大は上下関係がそれほど厳しくないので、その中でモノをいうのが競技力、タイムだ。川端は競技力の向上とともに存在感と発言力を増し、周囲と衝突するようになった。

2年の6月、両角監督はスカウティングのために練習を離れることが多かった。入学前の鬼塚たちを見に行っていた頃である。大学に戻って練習の記録やレースの結果を見ると川端の調子が今ひとつ上がっていないのが見て取れた。「大丈夫か」と心配しつつ、苦言を呈すると、7月のユニバーシアードを前に調子が上がらず、危機感を覚えていた川端は不満を爆発させた。

「普段、練習を見てないのに結果だけ見ていろいろ言われるのは納得がいきません。もっと自分たちの練習を見てほしいです」

「おまえの時も勧誘に行ったたし、おまえだけを見るのは無理だ」

川端も、監督には指導以外の仕事があることを理解しており、自分の要求が我儘なことはわかっていた。しかし、調子が今ひとつ上がらず、監督になんとか力を貸してほしかったのだ。監督への信頼の裏返しなのだが、自分が競技力を上げたい、強くなりたいと思う時、その流れを邪魔されたり、うまくいかなくなったりすると牙をむいた。

3年の夏合宿の時は、当時の荒井七海主将（現・ホンダ）が川端と「黄金世代」の1年生が好き勝手やらないように目を光らせており、監督もその時調子の悪かった川端が彼らを引っ張っていくのを不安視した。そのため「少し距離を置くように」と1年生に言ったのだが、それが川端の耳に入った。

「その時は、さすがにふざけんなって思いましたね。自分が調子を落としているのはわかっていたんで、悪いなりに走り込むとかしていたのに、なんでそんなこと言うのか。マジで腹立ってSNSのプライベートで愚痴りました。なんで俺、否定されとんって」

その頃、西舞鶴に住む両親の元には川端から「監督が下の選手ばっかり見て、自分たちを見てくれない」というメールが届いていた。そういう声を聞くたびに心が痛んだ。

父・隆雄は、「チームはどうなっているんや」と思っていたという。

「親としては息子の言葉を信じるしかないんで、きちんと監督とコミュニケーションが取れているのかなと思いましたね。現場で頑張っている学生に対して、あっちの方がかわいいとか、そういう声を現場から上げさせたらあかんと思います。なかなか難しいことですけど、全体を束ねていくのが監督の仕事ですからね」

両親は京都に講演で来ていた両角監督にこの話をした。両角監督は、「知らなかった。川端くんは自分の意見は言うけど、悩みは相談しに来なかった」と言ったという。

「先生もわからないことがあったのかもしれないけど、直接言える環境にあったのかなとも思うんです。指導についてはお任せしているんで一切口は出さないですけど、それ以外で息子を含めて競技に集中できる環境作りについてはもうちょっとちゃんとやってほしいなって思っていましたね」

両角監督は、その発言の意図として、「なんでも川端に頼るのではなく、1年生であっても自分で考えて練習しよう」と1年生の自立を促す狙いがあった。川端には、それが伝わらず、ただ排除しているように取られ、衝突してしまった。

「川端は素晴らしい能力を持っているし、それを表に引き出すようなことを伝えていかないといけないなって思っていたんで、時にはそれが彼にとって疎ましいこともあったかもしれません。彼の思い通りにいかなくて衝突したこともありました。でも、彼の存在を否定しようとか、そういうことで言ってきたわけではない。彼は自分のことしか考えられないと思うんです。でも、競技者としてマイナス面を減らし、より強い選手になるには経験豊富な監督やコーチのアドバイスを聞き入れてやっていくべきだと思うんですよ。そこに気づいてほしかったんですけどね」

監督と選手がぶつかるのは別に珍しいことではない。

2017年シーズン、青学大も吉永竜聖主将と原監督が春先、主将のあり方やチーム運営について衝突した。秋口までギクシャクしたが、全日本大学駅伝で3位に終わった後、箱根制覇に危機感を覚え、もめている場合ではないと吉永が先頭に立ってチームをまとめた。原監督もそれを後押しする形で溝を埋めていった。

東洋大も酒井俊幸監督と4年生の主力が嚙み合わず、その結果、今回の箱根エントリーメンバーは4年生が一人だけという普通では考えられない編成になった。

だが、両校ともそうした問題を乗り越えて優勝争いを繰り広げている。さまざまな問題と対峙し、解決していくことでチーム内に免疫ができる、それが強さにもつながるのだ。

学生スポーツの場合、学年と競技力という2つのヒエラルキーが成り立つ。両輪でトップに立つ選手の振る舞いがチームに大きな影響を与えるが、川端の場合、自分中心で自分にしか興味がないので他の選手を巻き込んでチームに波風を立てるようなことはしなかった。団体スポーツによくある、派閥を作って自分のやりたいようにやるタイプの選手ではなかった。それでも目に余る我儘な行動に不満を抱く選手もいた。

両角監督は、我慢したという。

「川端はうまく走れないとダウンもせずに、その辺にあるものを蹴飛ばして帰っていった。

その時、正直、こいつって思いましたよ。でも、彼は自分が頭を下げて取ってきた奨学生で、むやみに叱りつけてやめたらなんにもならない。自分たちのやり方を押しつけたり、頭ごなしに怒ると周囲を遮断してしまうので、この子には別の方法で説明し、伸ばすやり方があるんじゃないかって思っていました。ただ、その方法論がわからない。何もしない自分に廣瀬がイライラして、『なんで注意しないんですか』と言ってきたこともありました。

いろいろ考えましたが、自分たちの型にはまらないとダメではなく、いろんな人間がいて、それを理解して受け入れていく。その方が組織として成長するんじゃないかと思ったんです。実は高校の時、型にはめようとした結果、やめてしまう選手が出て、失敗したことがありました。同じ失敗を繰り返すわけにはいかない。甘やかしているって言われるかもしれないですけど、枠から出たからやめろではなく、すくい上げていくのが私の指導のポリシーなんです。それに川端が走っている方がチームにも同学年にもプラスになる。そう思っていたので、私が許容できる範囲で彼の行動は認めていました」

尖った異端を受け入れてチームを成長させていくのは、簡単なことではない。時としてチームを分裂させる要因にもなるからだ。勝つためだけの集団であれば、手っ取り早くチームにマイナスになる芽を摘んだり、逆に特例を作ったりしてしまいがちだ。だが、両角監督は、社会とは多様性を受け入れることであると考え、それを部活動という小さな社会の中で学生たちに経験させた。

そこに人間としての成長を求める両角監督の教育者としての矜持を垣間見ることができる。

「私のポリシーに『人間的成長なくして競技力の向上なし』があるんですが、これはプロ野球の野村克也元監督の本を読んで共感した言葉です。それを川端に当てはめると、この4年間の人間的な成長というのが正直なところ今ひとつでした。私にそれができていればもっと競技者として成長させてあげることができたんじゃないかなと思います。ただ、個人的には川端に感謝しています。自分の型からズレた選手でやりにくい面もあったけど、彼との4年で指導者としてすごく勉強させられた。自分も成長できたなと思います」

衝突を幾度となく繰り返した川端は、両角監督に歩み寄ることはしなかった。二人の関係を見ていると反抗期の息子とその対応に苦慮する父親のように思えた。

主将とエースの冷戦

チームに影響を与えたという観点でいうと監督との衝突よりも、春日との対立の方が大きかった。

川端が3年の時、当時の荒井七海主将がチーム全体の仕事、事務作業も含めて全面的に見直し、1年から4年まで分担して行うことを決めた。

その時、川端は猛反発した。

「荒井さんは、苦しむところはチーム全員でやろうって言うんですけど、僕らが1年の時からやってきたことを変えるのがよくわからない。『やるんだったら4年生だけでやったらいいじゃないですか』って言ったんです。僕らを巻き込まんでくれって。我儘なことを言うてると思うんですけど、僕はそういう仕事を分担してやることで毎日の自分の流れ、練習も含めて競技に支障が出るのがすごく嫌なんです。それでめちゃ反発しました」

その時、春日は「自分のことだけ考えるな」と川端と言い合いになった。

川端は自分のことを「我儘」だと言う。

いろんなことを要求する選手は結果を残さなければ口だけといわれ、誰からも信頼されなくなるが、川端は1年の時から結果を出した。廣瀬は「なぜ、あいつが結果を出せるのか。不思議でしょうがなくて、すごく嫉妬した。あら探しをしてやろうって思ったこともあった」と言う。川端は結果を出すことで周囲の雑音を封じ、自分の流儀で競技力を高めようとした。川端の〝我儘〟は、少しでも速く走りたいがためだ。

しかし、春日は川端の我儘を容認できなかった。

1年の時、2寮で学年ミーティングをした時、川端はみんなの話をまったく聞いていなかった。しかも「こんなミーティングして強くなれると思ってんのか、時間の無駄や」と怒り始めた。その時、春日は「無駄じゃない」と川端と怒鳴り合った。

春日が言う。

「荒井さんの時もそうですけど、あいつは自分の走りが一番で、他の選手を引っ張り上げようとか、運営をどうするとか、そういうことに目を向けなくてもいいという考えなんです。下のCやDのチームは競技に対してなかなか真剣になれないんで、そこにも腹を立てていて下チームのフォローは必要ないって考えだった。でも自分は、チームである以上、上のチーム、下のチームに関係なく個々が果たす役割がある。おまえもそれを果たす義務があるんじゃないかって言って。それでよくケンカになりました」

ケンカが始まると廣瀬や田中が仲裁に入り、過熱する前に止めた。


二人は、もともと仲が悪いというわけではなかった。

川端と春日は、廣瀬とともにスポーツ特待生で入ってきたエリート選手だ。時々、チームのことで言い争うことはあったが、良きライバルとしてお互いの実力を認め合い、普段は和気藹々《あいあい》と楽しくやっていたのだ。

4年のスタート時も新しく全員の役職を決めるなど、みんな団結して「打倒青山学院!」を目指し、「箱根駅伝優勝」の目標を達成しようとした。

両角監督から「4年に役職は本当に必要なのか」と疑問視されたが、4年生は「自分たちのやり方でやり通したい」と、主張を押し通すほど、ひとつになっていた。

チームの運営は主将の春日と望星寮・寮長の廣瀬らスタッフが方針を決め、それを全員に周知していく。主将で先輩からの言葉だからといってすべてが「わかりました」とスムーズに全員に受け入れられるわけではない。一部の選手からブーイングや反発が起こることがある。そういう声が徐々に膨らむ中、川端は春日のプライベートで気に入らないこともあり、徐々に距離を置くようになっていった。

二人の仲が決定的に悪くなったのは、7月のSNS禁止事件の時だ。東海大の記録会で手伝いをしていた選手が遊んでいる様をSNSに投稿した。そのため、選手のSNSは当面禁止するように両角監督は春日に通達した。春日は個人的にはSNSは自由にすべきだと思っていたが、部として問題が起きた以上、何かしらのけじめをつけないといけない。選手の反感を買うことを覚悟し、心を鬼にして伝えた。選手に経緯を説明したが、他の選手からすれば楽しみにしていることを強引に打ち切られたことになり、「なんでだよ」と不満が噴出した。川端も「おかしいやろ」と春日の一方的な通知に猛烈に反発した。

春日はそれでも「決まったことだから」とSNS禁止を押し通した。

「選手の『なんで？』という気持ちはわかるんです。自分も主将という立場でなければそこまでしなくてもいいんじゃないかという気持ちでした。でも、立場上、自分はダメと言わないといけない。好き好んで敵は作りたくないですけど、嫌われ役になってやるしかなかった。後輩たちにうまく伝えられない情けなさを感じつつ、なんで伝わらないんだろってすごく悩みましたね。それがめちゃくちゃストレスになっていました」

廣瀬は、春日の性格をよく知るがゆえにその苦悩が深いことが理解できた。

「あいつは、競技に関しては川端と考えが似ていて自分のことだけに集中し、他人に干渉されたくないタイプなんです。キツい練習も淡々と走り、すました顔をしていたんで、みんなに『冷徹』とか『青い血が流れている』とか言われるぐらいでした。でも、主将になってチームのことを考えることになり、みんなとかかわりを持つようになった。あいつが一番苦手なことだったんですけど、チームのためにやっていた。それがわかってるので僕は主将の春日をサポートしていくと決めたんです」

二人の関係は周囲の人間を巻き込んで、いつの間にか春日対川端、という対立の図式ができてしまった。どちらにもつかず中立を守る3年生たちもいたが、影響力のある二人の衝突はチームに大きな影響を及ぼした。合宿では練習中一言も会話をせず、食事も二人は離れて座り、ギクシャクしたムードが漂った。

見兼ねた三上が、「川端さん、なんで春日さんと仲悪いんですか」と聞いてきた。二人の雰囲気が険悪になった状態を見て、さすがに「まずい」と思ったのだろう。これから駅伝シーズンに入り、チームが一体感を持って進んでいかないといけない中、トップの二人が険悪なままではチームとして戦うことが難しくなる。

川端は三上に、原因は春日ではなく、背後にある人間関係にあると説明した。問題の根本が当事者同士にあるわけではないことがわかると、この二人の問題に触れても仕方がないといった空気が流れた。

本来であれば二人と接点がある西川こそが仲裁の役割を果たすべき人物だろう。だが、二人に近い存在だからこそ間に入ることができなかった。西川は川端の性格上、自分が踏み込んで仲裁役を買って出ていけば、理由がどうあれ川端には「敵」とみなされるとわかっていた。そうすると一切を遮断してしまう。

「主務として何かしようとしても二人の状況を悪化させるだけ。最後まで何もできず、二人を元に戻すことができなかった」

西川は、自分の無力さを嘆いた。

両角監督は西川から二人の状況を聞いたが、「知ったこっちゃない」と突き放した。本当に監督の力が必要であれば選手たちが相談に来るだろうが、そういうこともなかった。

「選手からは何も話がないので彼ら二人には直接ではなく、遠回しに伝えました。ミーティングで『大学の友人は一生の友人。先生自身もつまらないことで友人関係が悪くなり、大学の後半をそのまま過ごしてしまった。今会ってもその時のことがあってギクシャクしている。あの時、大人の対応ができていればという後悔がある』っていう話をしました。それでも変わらなかったですし、4年生も動かなかった。最後まで『先生、なんとかしてください』という話もなかった。そういう意味では4年生は、根っこの部分ではまとまっていなかったんじゃないかなと思いましたね」

2017年9月、紋別合宿で春日が疲労骨折をした。

その時、川端は本気で春日のことを心配した。春日がいい選手であることは認めていたし、箱根に向けて、その戦力が欠けることはチームにとって大きな痛手になるからだ。

「このタイミングで怪我したんで、あいつ、かわいそうやなって思いました。その時、それまでの憎しみが半減されました。俺らの関係がどうあれ、春日はチームにとって必要な選手なんで」

しかし、春日がリハビリから復帰しても川端から話しかけることはなかった。

春日も一度は歩み寄ろうとしたが拒否され、出雲駅伝以降は冷戦が続いた。最初は自分がチーム全体をまとめようと思ったが、駅伝シーズンに入ってからは川端を軸に2年生中心の主力がまとまっていた。春日はそこを川端に任せて、メンバーに入れない選手などのフォローをしていこうと割り切ったのだ。

「それでも箱根直前の合宿とかでは、下級生が僕ら二人の顔色を窺うような感じがあった。最後まで気を使わせてしまい、本当に申し訳ないと思いました」

結局、二人の仲を割いた太い棘《とげ》が突き刺さったまま、箱根当日を迎えたのである。

動かない体

川端は、マイペースで10区を走っていた。

13キロ地点の品川神社前には、廣瀬泰輔が応援に来ていた。走っている時、思い切り目が合って「おるー」と思い、川端が右手を挙げた。まだ走りに余裕があったのだ。10キロ地点には両親が横断幕を持って応援してくれていたそうだが、羽生からの給水に気を取られてまったく気がつかなかったという。

15キロ、泉岳寺前で塩澤稀夕から給水をもらうと、あと残り8キロだった。

管理運営車から塩澤に「おつかれさん、ありがとう」と声が飛んだ。後続の早稲田大とは25秒程度離れており、3位がほぼ見えていた。

川端が異変を感じたのは、20キロを越えてからだった。

「ラスト3キロ、落ち着いていくぞ」

管理運営車から両角監督の弾んだ声が聞こえた。

だが、その後すぐ体に力が入らなくなった。

「最初、腕が痺《しび》れてきたんです。次に足が前に進まず、すごく重くなり、意識もフワッとしてきて……。風が強くて寒かったんです。10キロ以降にすごく汗をかいたところがあって、それが冷えたんかなぁって思ったんですが、もう体が言うことを聞かなくなっていました」

この時、川端は低体温症になっていた。

冷たい強風によって汗が冷え、一気に体温を奪われたのだ。川端は自分の体に何が起こっていたのかわからないまま動かない体と格闘していた。

川端の動きが小さくなり、後続の早稲田大、法政大の姿が次第に大きくなってきた。管理運営車に乗っていた西川は、川端に何が起こっているのか、想像がつかなかった。

「車の中は『いやー3位取れてホッとしたなぁ』って感じだったんです。川端もペースはそんなに上がらないけど、普通に走っていたし、足の不安も感じられなかった。このまま抜かれることはないだろうと思っていました。でも、20キロ過ぎにフラフラし始めて、えっ、えっ、と思っている間に早稲田に詰められた。両角先生は『粘るぞ』って言っていたけど、僕はもう見ていられなかった。川端があんなふうになった姿を……」

日本橋の手前、21・6キロ付近で早稲田大に抜かれ、21・77キロ付近で日体大に抜かれた。川端は朦朧とした意識の中、ジョグのようなスピードに落ちた。あと1キロ少し、というところで一気に3位から5位に転落したのだ。

「監督の声も早稲田と日体大に抜かれたこともわからなかった。ただ、走らないといけないという意識だけがあって、三越前を左に曲がった後の直線がなんか永遠に続いているかのように長く感じました」

両角監督は、「まさかここで」と茫然《ぼうぜん》とした。そして、同時に「自分の勘を信じていれば良かった」という思いにかられた。

復路レース前日まで川端を起用すべきか、湯澤舜に交代すべきか迷っていた。5000m、1万m、ハーフの記録はすべて川端の方が良く、大会前の練習も脚を痛めていたが顔を歪めながら走り、最後の最後までやり切った。判断基準であるタイムや実績がある川端を選ぶことに情は入っていなかった。その一方で調子を上げている湯澤がいた。

「湯澤には自分を使ってほしいという爛々《らんらん》としたものがあった。強いけれども自信を失っていた川端、実績はないけど調子が上がっている湯澤。最終的にどっちにするか、すごく悩みました。最後、川端にとって不運だったのは、あいつが苦手な風が強く吹き、寒くなったこと。たぶん、湯澤を起用していたら風が強かろうが寒かろうが関係なく走れたでしょう。そう思いますが、私は自分の勘を押し通せなかった。結局は川端を起用した私の責任なので、これを反省として今後どう活かしていくか、ですね」

タイムと実績を重視して選考するのは、両角監督のベースだ。タイムは陸上選手にとって最も重要なものだからだ。他大学の監督も基本はそうだ。

ただ、箱根はタイム通りに走れるわけではない。サッカーや野球は試合が開始した直後、対戦相手の戦力を見て、新しい対応策を示し、修正することができるが、駅伝はレースに選手を送り出したら、あとは信じて黙って見ているしかない。そのため、大会直前の選手のコンディションを見極め、判断する監督の眼力が必要になる。それは経験や選手を長年見てきた自信に裏づけられたものであり、おそらくは狂いはないだろう。

そこで判断を下せるかどうかが勝負の分水嶺になる。

原監督は、その判断、決断に迷いがない。

両角監督は迷って、リスクを負わず、実績で判断した。教育者でありながら勝負師としての決断を下せるかどうか。監督にとって大きな課題を突きつけられた10区だった。

廣瀬は川端の応援後、電車で大手町に向かう途中、偶然、給水から戻ってきた塩澤と羽生に会った。3人は携帯で情報を確認しながら「3位で良かったなぁ」と談笑していた。突然、塩澤が「あぁ」と大きな声を上げた。

「5位になっている」

廣瀬はラインの打ち間違えだろうと思った。川端に限って、あのペースで抜かれることはない。だが、すぐに他の情報と照らし合わせると5位が冗談でも嘘でもないことが判明した。

「マジか。何があったんだ」

廣瀬は、茫然と携帯画面に浮かぶ「東海大5位」という情報を見つめていた。

川端の付き添いをしていた西出コーチは、「もっと強く言っていれば」と後悔の念にとらわれた。待機している間、都内は風が強く、銀座付近は寒いという情報を得ていた。ゴール付近は冷たいビル風の影響で体温が下がる可能性が高い。西出コーチは川端が出走する前、「今ここは暖かいけど大手町は寒いという情報もあるからアームウォーマー、手袋をしていきなさい」と万全を期すよう告げた。しかし、川端は「嫌いだから」という理由でアームウォーマーも手袋もせず、ホットクリームさえも塗らずに出ていった。

「レースは予想がつかないことが起こるので、後手後手にならないように言ったんですが……。もっとちゃんと言い聞かせていれば、と思いましたね」

レース後、川端は「先生、すいません。言った通りでした」と謝りにきたという。

ゴール付近では、3位は間違いないと川端を待っていた選手たちがいきなり見えてきた早稲田大の姿に呆然としていた。テレビではちょうどCMに入った時、川端はまだ3位だったのだ。だが、CM明けのテレビ画面には早稲田大と日体大に抜かれ、フラフラの川端が映し出されていた。

「えっ5位⁉」

「マジか！　えーッ‼」

ゴール地点、東海大の選手たちの落胆と驚きの声が響いた。

東海大の後方で待っていた早稲田大の選手たちはゴール前のまさかの逆転劇に「やった

ー！」と大喜びしている。

フラつく川端が見えてきた。

「最後だから行くぞ！」

國行が、春日に声を掛けた。

春日はそう言われるまで川端を迎えに行くつもりはなく、西川と國行が行けばいいと思っていた。「冷戦状態のあいつをなんで俺がっていう気持ち」だったのだ。だが、國行に声を掛けられてハッとした。

「最後ぐらいは自分たちの関係を忘れてチームとして迎えに行こう」と、ゴール付近に行き、川端を待っていた。

ロードの上をゆらゆらと浮遊し、川端は崩れるようにゴールした。

國行と春日にしがみつき、読売新聞東京本社2階の待機場所に運ばれた。途中、川端に思い切り体を預けられた國行は「おまえ、寄りかかりすぎやろ」とあえて明るく呟いた。

第94回　東京箱根間往復大学駅伝競走
総合成績

1位：青山学院大	10時間57分39秒〈新記録〉
2位：東洋大	11時間02分32秒〈新記録〉
3位：早稲田大	11時間09分09秒
4位：日本体育大	11時間09分28秒
5位：東海大	11時間10分09秒
6位：法政大	11時間10分20秒
7位：城西大	11時間12分12秒
8位：拓殖大	11時間12分32秒
9位：帝京大	11時間13分26秒
10位：中央学院大	11時間14分25秒
11位：順天堂大	11時間14分39秒
12位：駒澤大	11時間15分13秒
13位：神奈川大	11時間17分08秒
14位：國學院大	11時間18分06秒

15位：中央大　11時間19分26秒
16位：大東文化大　11時間22分58秒
17位：東京国際大　11時間22分59秒
18位：山梨学院大　11時間23分24秒
19位：国士舘大　11時間26分42秒
20位：上武大　11時間32分42秒
（参考）：関東学生連合　11時間40分02秒

第10区　鶴見―大手町　23・0km
第10区区間賞　小笹椋（東洋大）　1時間11分09秒

終章　退寮の日

第94回箱根駅伝は、青学大が4連覇を達成した。

往路では東洋大に敗れたが、復路で圧倒的な強さを見せ、6区の小野田が東洋大を抜いてトップに立ってから一度も首位を譲り渡すことはなかった。2位の東洋大に4分53秒の差をつけての圧勝だった。

驚いたのは7区の林奎介の区間新（1時間02分16秒）の快走だ。それまで出雲、全日本もエントリーメンバーにすら入らなかったのだが、いきなりの駅伝デビューで設楽悠太の区間最高記録（1時間02分32秒）を破ったのだ。一色恭志（現・GMOアスリーツ）ら強力なレギュラー選手が卒業しても、どんどん新しい選手が出てくる。青学大の選手層の厚さをまざまざと見せつけられた箱根駅伝だった。

待機場所では、幾重もの報道陣に原監督は囲まれていた。大会前に掲げた「ハーモニー大作戦」が「大成功でした」とご満悦だった。

青学大には、往路・復路ともに「自分たちは負けない」という揺るぎない自信みたいなものを感じた。それは過去3連覇してきた勝者にしか得られない勝つためのメソッドみたいなものである。こう調整していけば戦える、こうやれば勝てるというのを3度の優勝の経験から方法論として確立している。勝ち続けることでわかってきた何かを青学大はしっかり活かしているのだ。そして、4度目の優勝で、「勝者のメソッド」はさらに書き加えられ、より万全なものになるだろう。

また、今回、箱根を走った10人のうち、7人が来年もチームに残ることになる。他にも箱根を狙える選手がチーム内にゴロゴロいる。チーム内競争が激しいだけに、またとんでもない選手が出てくるだろう。故障者などが出なければ、青学大の5連覇の可能性が非常に高くなったといえる。

東海大は青学大に12分30秒もの差をつけられての完敗だった。

レース後、両角監督は3位を逸し、落胆した表情でいた。

「3強といわれていたので、3位以内には入りたかったですが残念でした。6区の中島、8区の館澤は昨年以上の走りをしてくれて、3位まで上がることができたんですけど、最後にまさかあんなふうになるとは思っていなかった……。國行と湊谷が伸びを欠いたのが大きかったですね。川端の前にもうちょっと貯金を作っておきたかった」

ほとんど表情を変えず、淡々と敗戦の弁を語った。

西出コーチは連日、選手に声を掛けつづけたせいか、少し声が嗄れていた。思わぬ結果に肩を落とし、落ち込んでいた。

「箱根までうまく仕上がってきたなという中、実際は青学大の影すら踏めなかった。いい勝負ができると思っていただけにショックでした」

故障者などの影響もあったが、自信を持っていたメンバーだけに、とりわけ往路の惨敗は衝撃的だったようだ。その原因について西出コーチは、「箱根前のトレーニングのさじ加減の部分で失敗した」と語った。要はピーキングに失敗したということだ。

「練習量は青学大よりもうちが勝っているんです。でも、それが結果につながらない。箱根前に多くの練習が本当に必要だったのかということですね。1月2日、3日に向けて要はどこまで頑張って、どこで抜いてピーキングを合わせていくのか。そこをしっかり考えていかないといけないと思っています」

力はあるのだが、その力を青学大のように120%出せないところに東海大の弱さがある。それを解消するためのひとつがピーキングであることが見えた。優勝するためには、優勝するための必要なパーツを集めなければならないが、西出コーチの言うピーキングはそのための大きなピースになるだろう。

監督とコーチの意思疎通

箱根は何が起こるかわからない。

箱根駅伝を語る上ですっかり常套句《じょうとうく》になっているが、今回ほど多くの大学がそのことを実感したレースはないだろう。東海大と同じく優勝候補に挙げられていた神奈川大は5区が区間20位と大ブレーキになり、3位から一気に15位に転落。「まさか……」と、大後栄治監督は往路後に絶句した。その後もその遅れを取り戻すことができず、総合13位でシード権を失った。「箱根は怖いですね。弱点を見逃してくれませんから」と、レース後、大後監督は悔しそうに呟いた。

駒澤大も5区がブレーキになり、7区のエース工藤（4年）で盛り返そうとしたが左脚の痙攣で区間14位。総合12位で8年間守ってきたシード権を失った。大八木弘明監督は「采配ミスでした。親心が出てしまい、（工藤を）スパッと外せなかった。泥臭い練習をして一からやり直します」と力なく語った。

ニャイロという大砲を持つ山梨学院大もやはり5区で主将の上田健太（4年）が区間18位とブレーキになり、まさかの総合18位に終わった。

「まさか」が続いたり、「大きなミス」が1区間でも起こってしまったりすると優勝争いはもちろん、シード権すら失ってしまう。ミスや弱点を見逃してくれない箱根の厳しさを両角監督を含めて多くの指導者は改めて痛感していた。

両角監督も青学大の尋常ではない強さに、大きな危機感を抱いている。

「青学は林くんが7区で区間新を出しましたけど、設楽くんの記録を抜いたわけじゃないですか。初の箱根で実績もないのに、なぜこんなに走るのか。2区の森田くんもそうですし、言い方は悪いけどバカッ走りできる選手がどんどん出てくる。そこが青学の不思議なところですよね。しかも、そういう選手が来年も出てくる可能性がある。逆にうちはそういう選手がいない。その差は大きいですね」

両角監督の言葉に同調するのは、主将の春日だ。

「うちのチームは、飛び抜けたことをする選手がいないんです。小さくまとまって、変に群れてしまっている。佐久長聖高校の先輩で昨年、青学大を卒業した池田生成《きなり》さん（ブルボン・競技引退）がいるんですけど、あの人は昔から頭がおかしいっていうくらい練習をしていました。自主練習でも20キロ、30キロ走り、故障したら夏にウインドブレーカーを着てワットバイクをこいだりしていたんです。一見すると常識はずれでも、愚直にやりつづけることで4年の時に初めて箱根駅伝の9区を走り、結果を出した。そういう、みんなと違うことを率先してやれないのが今のチームの弱さかなと思います。来年、青学大に勝つためには飛び抜けたことができる選手が必要になると思います」

西川は東海大のスマートさが良くもあり、悪くもあると言う。

「5区で、松尾の後ろから日体大の小町昌矢が来たんです。渡辺正昭監督（9月解任）が檄を飛ばしている中、小町は俺がなんとかしてやるとばかり根性見せて必死の形相で走っていた。うちの選手にはそういう秘めた力をもう一段階出す根性や気持ちが足りない。スマートに勝とうとしている。小町を見て、勝負に勝つためには闘志をむき出しにして泥臭く走ることが大事だと改めて思ったし、やっぱり一人、二人、バカッ走りできる選手が出てきてほしいなと思います。そういう選手がいないんで」

能力は高いが全力を出し切れていない。選手たちの本来の力を間近に見ているだけに西川にはそれが歯痒く感じられたのだ。

ただ、光明もあった。

「館澤は、全然クールじゃなくて、東海の型にハマッていないタイプ。普段の練習からアホみたいに首を振っているけど（笑）、根性を見せられる選手。そういうファイタータイプの選手が東海には他にいないんで、あいつにはこれからも期待したいですね」

駅伝は最後は気持ちだとよくいわれる。勝ちたいという気持ち、相手を抜きたいという気持ちが疲れた足を一歩、二歩前に出してくれる。「がむしゃら」という言葉に東海大の選手たちが覚醒すると、違う世界が見えてくるのではないだろうか。

一方、川端は指導面の課題を挙げた。

「箱根前、両角監督と西出先生がきちんと意思疎通ができていたんかなと思う」

箱根駅伝の3週間前、ポイント練習が行われた。

川端を含め、足の状態が良くない選手がいたので、西出コーチは無理せず足の状態を見極めた上で練習するように伝えた。ここで壊れてしまうと箱根を迎えずして終わってしまうからだ。そのため、川端、湊谷、鬼塚たちは早めに練習を切り上げた。その様子を風邪のために車の中から見ていた両角監督は、彼らを呼び、途中で練習を切り上げた理由を問うた。そして、練習を最後までやり遂げた春日、國行、三上、湯澤たちを箱根で使いたいという話をしたという。

コーチという立場からその分を超えることは決してしないが、この時期は監督が風邪で体調を崩して現場を少し離れていたこともあり、西出コーチの方が選手個々の状況を把握できていた。それゆえ西出コーチは選手のコンディション優先で無理せずという考えでいたが、両角監督は大事なポイント練習なので力を出し切ってほしいという考えだった。

「どっちにしたらええんやって思っていました。指示がそれぞれ違うと選手が迷い、チームの雰囲気もおかしくなるんで、そこは先生同士、話をして決めてほしいと思っていました」

スタイルが違っても目指す方向が同じであれば問題はないが、箱根のような大会の最後の調整段階で両角監督と西出コーチの間で考えに齟齬《そご》が生じると選手が戸惑ってしまう。

西出コーチもそこは「これからの課題です」と厳しい表情だ。

「思いや考えが監督とすべて一致していればいいんですが、なかなかうまくいかない時もあります。トレーニングの多くは僕が考えていますが、駅伝シーズンになって合宿に入り、練習や調整段階に入ると、両角監督との間にズレが生じてきた。そこで選手を迷わせてしまうのは僕らが悪いので、ちゃんと摺合せをしなければならなかったと思っています」

私が見る限り、監督とコーチの役割分担はある程度しっかりなされていた。

両角監督の不在時はもちろん、日常の基本的なメニューは西出コーチが出して練習を見ているし、合宿は両角監督が全体のプランを考えている。お互いに選手が書く練習日誌や月間報告書、走行距離を見て、状況を把握しつつ、選手の状態や練習スケジュールなどを隣同士にあるどちらかの研究室に入って話をしていた。選手を成長させ、チームを勝たせたいという思いは、ともに同じなのは間違いない。

ただ、レースへのアプローチが違うのは感じられた。例えば、両角監督は箱根へ至る練習の消化を重視していたが、西出コーチはプロセスも大事だが、箱根にいかにピークを持っていき、狙った大会で結果を出せるかを重視している。要はいかに1月2日、3日に走れるようにするか、ということだ。両者の箱根に至るプロセスの考え方が異なるため、川端のように選手が戸惑うシーンがあったのは確かだ。

また、選手が両角監督に大会への参加や練習を相談しても「西出先生に聞いてみろ」と言われたことがよくあったという。普段の練習を西出コーチに任せているために遠慮が働いているのかもしれないが、監督が決断できないと選手は誰に話をすればいいのかわからなくなる。両角監督と西出コーチの考えの擂合せは、チーム運営にかかわる大きな問題だ。今後、そこをどう解決していくのか。

また、川端は、両角監督の出した箱根の出走メンバーと自分たちの考えたメンバーに大きな差があることに驚いたという。どのくらい自分たちのことを理解していてくれたのか、疑問に思ったというのだ。

上段が、選手だけで考えていたという箱根10区間の理想のメンバーである。

（選手）
1区：關颯人
2区：川端千都
3区：阪口竜平
4区：三上嵩斗
5区：春日千速
6区：中島怜利

（両角監督）
1区：三上嵩斗
2区：阪口竜平
3区：鬼塚翔太
4区：春日千速
5区：松尾淳之介
6区：中島怜利

7区：鬼塚翔太
8区：館澤亨次
9区：湊谷春紀
10区：國行麗生

7区：國行麗生
8区：館澤亨次
9区：湊谷春紀
10区：川端千都

上段の選手案と下段の実際の監督采配を比べてみる。

1区の鬨と5区の春日だが、故障の影響で本番は鬨を起用できず、春日は5区から4区への変更になった。ただ、両角監督も当初、1区は鬨、5区は春日の起用を考えていただけに二人に問題がなければ、違いは2、3、4、7、10区になる。6、8、9区は両者同じ。中島と館澤が区間2位になり、見立てが一致した区間は結果が出ている。

両角監督は選手のタイムと実績、特性や調子を見つつ、全体の流れを考えてオーダーを決めており、選手は自分が走りたい、結果を出せそうな得意な区間を挙げている。区間配置のアプローチが違うので異なるのは当然だが、そもそも監督と選手の考えが完全に一致することは稀だ。青学大の原監督のオーダーは選手も誰も読めないという。

「僕ら選手の考えるメンバーを監督に見透かされているなら、それでいいんです。でも、監督と自分らの考えに大きな開きが出てきてしまうとキツくなる。今回、6区と8区と一致したところは結果が出ているじゃないですか。難しいと思うけど一番の理想は選手の考えるメンバーと監督の考えが一致すること。その時、ほんまに優勝できるんちゃうかなと思います」

川端は、冷静な表情で、そう言った。

学生の描くオーダーは、それなりに説得力があり、おもしろい。自分の力は誰よりも自分がよくわかっているし、ここを走れば結果を出せるという自信もイメージもあるだろう。

しかし、駅伝はそれだけでは勝てない。それぞれの走りで流れを作り、お互いを補完し合ってトータルで結果を出すのが駅伝だ。青学大をはじめ強豪校は何をしてくるのか。選手はどの区間を走れば一番力を発揮するのか。優勝してくれという周囲からのプレッシャーもある。故障者も出てくる。それらを全部含めた上で、オーダー表には勝負に勝つために選ばれた10人の名前が記されている。オールスターを選ぶのとはわけが違う。

読売新聞東京本社の2階、表彰式を終えた両角監督は待機場所で大勢の記者に囲まれた。ひとつだけ最後に聞きたかったことがあった。今回これだけの差をつけられて敗れても、来年も東海大のやり方を貫くつもりなのだろうか。

「今回の青学との圧倒的な差を考えると、箱根に対して1年通してやってきているか、やっていないかの差かなって思います。ただ、自分たちは今のスタンスを変えるつもりはないです。スピードを失わずに強さを身につけたい。具体的には、勝負強さですね。記録会とかで調子がいい時は記録が出ると思うんですけど、日本選手権とか関東インカレとか、そういう場で勝ち切っていく強さを重視していくと、勝負強さが身につくのかなと思います」

両角監督は、悔しさを押し殺すようにそう語った。

監督が述べた「スピードを失わずに強さを身につける」という課題は、2018年「速さを強さに」という新チームのテーマになった。

レース終了後、大手町で開催された慰労会には大学関係者、保護者、選手たちが集合していた。5位には終わったが、往路9位からの巻き返しに場内は「よくやった」感が溢れ、来年への期待感と相まって、明るいムードになっていた。

ゴール後、読売新聞東京本社2階の待機場所でグラウンドコートにくるまって寒さに震えていた川端はようやく普通に歩けるようになり、会場で4年生や全選手とレース後、初めて顔を合わせた。

田中将希は川端を心配していた。

プライドが高い半面、責任を感じると一人で考え込んでしまう。ドーンと落ち込んで誰も近づけさせないオーラを出し、孤独になっているのではないか。川端の姿を探すと今まで見たことがないシーンが視界に飛び込んできた。

選手一人一人に「3位になれんかったのは俺のせいや。俺が悪かった」と頭を下げて、謝っていたのだ。

川端は、同じことを2度繰り返した責任を感じていたという。

「全日本では最後、トップでもらってアンカー勝負で逆転負けした。今回も3番でもらって、そのままゴールできんかった。2度も逆転負けしている責任があるし、みんなが楽しみにしていた1週間フリーをなくしてしまった。自分は何もチームに残していないなって思ったんで、ほんまに申し訳ないと、みんなに謝りました」

川端のことを責める選手は一人もいなかった。それまで川端はチームに貢献してくれていた。田中は川端と目が合うと軽くハグした。

「一人で背負わなくてもいいからな」

「うん、ごめん、悪かった」

川端は小さな声でそう言った。

箱根駅伝は10人で走ったタイムの合計の勝負である。順位が逆転されたシーンだけをフォーカスすると川端の責任のように見えるかもしれない。だが、5位という結果に終わったのは、箱根を走った1区から10区までの10人と、それを支えた0区の選手全員の力なのだ。

それが「箱根駅伝」というレースなのである。

それぞれの旅立ち

箱根駅伝が終わった翌日から4年生の退寮が始まった。

0区の選手たちは早めに退寮していく。寮は二人部屋なので、同室の後輩は朝5時に起きて練習に行き、夜は10時過ぎには寝る。その邪魔をしてはいけないからだ。

ある者は大学近くのアパートに移り、ある者は都内周辺の親類縁者の家に移って、通学するようになった。彼らは初めて〝普通の大学生〟となり、バイトしたり、自動車教習所に通ったり、残り少ない学生生活を楽しんでいた。

箱根以降のチーム練習には、4年生は参加しない方針になった。

新体制をスタートするにあたり、箱根の敗因を検証することが必要だった。忌憚《きたん》のない意見を交換し合い、原因を究明していくには、これからチームを作っていく3年生が主体となって進めていく必要があった。4年生の主力が顔を揃えていては、やりにくい部分がある。新主将の湊谷ら3年生は今の4年生以上におとなしく、控えめな選手が多い。「俺らに聞けないし、言えないだろうな」という春日たちの配慮もあったのだ。

2018年1月末、広島で開催された都道府県対抗駅伝に出場するために寮に残っていた箱根組の4年生、春日、川端、國行が退寮した。

春日は、都道府県対抗駅伝が終わって帰ってきた翌日に静かに出ていった。

「僕は見送られるのが気恥ずかしいので、誰にも何も言わず、サッと出ていきました。後で、いつの間にかいなくなったって言われましたけど」

律儀な春日は部屋の掃除はもちろん、エアコンのフィルターまで洗って出ていった。

國行は個室の掃除に1日かけた。

「ここで頑張れたおかげで実業団で地元（徳島）の大塚製薬に入れた。このアホな頭じゃなかなか入れないんで、ほんま4年間ありがとうって感謝して掃除しました」

川端は、2年の髙田凜太郎を使って「川端さん、今日、退寮するそうです。見に来た方がいいよ」と出ていく時間を告知させた。寮にいた選手と写真撮影するなどして川端らしく賑やかに退寮していった。

春日との関係は結局、箱根を終えても雪解けを迎えることはなかった。

ただ、川端は、こう思っている。

「春日とはケンカをたくさんした分、これで仲良くなれば相当、深い友人になれる。いつになるかわからないけどね」

西川はトリを飾り、3月3日、2寮に預けていた荷物を送り、4日、立川シティハーフマラソン（立川ハーフ）で後輩たちの走りを見た後、「両角先生と西出先生に挨拶ができましたし、最後に西田ら後輩たちのいい走りを見られて良かった。気持ち良く旅立てます」と笑顔で滋賀・守山市に向かった。高校、大学と続けてきたマネージャー職をSGホールディングスグループ陸上競技部で担うことになる。

東海大のトラックでは、第95回箱根駅伝に向けて新チームがスタートし、目標は「学生長距離5冠」になった。関東インカレ（長距離部門）、全日本インカレ（長距離部門）、出雲駅伝、全日本大学駅伝、そして箱根駅伝の制覇だ。

掲げた目標は高いが、決して無謀なものではない。

2017年は関東インカレ、全日本インカレを獲り、出雲では優勝。だが、全日本は2位、箱根は5位に終わった。全日本、箱根はともに青学大と東洋大がライバルになるだろうが、今年の東海大は強い。「黄金世代」の關、鬼塚、館澤、阪口は2018年2月から2か月間、アメリカのオレゴンで合宿をこなし、さらに力をつけて帰国した。彼ら以外の「黄金世代」の選手たちも着実に力をつけてきている。新2年の西田は2018年3月の立川ハーフで3位に入った。「今年は山しか狙っていません」と箱根5区を目指し、同期の塩澤稀夕や名取燎太らとともに上の学年にプレッシャーをかけていくだろう。郡司陽大、西川雄一朗、小松陽平ら中間層の選手たちが順調に成長すれば、おそらく箱根では過去最強ともいえるメンバー構成が可能になる。箱根2位を達成したメンバー9名が残った東洋大とともに青学大箱根5連覇阻止の最有力候補になるのは間違いない。

新主将の湊谷は、言う。

「箱根がダメだと全部ダメみたいになってしまう。それだけ注目度が高いということ。今年は箱根で結果を残したいし、残さないといけないと思っています」

チームは、今も箱根初制覇への途上にいる。

先輩たちが指摘した根性と勝負強さを身につけられるだろうか。

チームは、犠牲心と団結心を持って一丸となって戦えるだろうか。

口下手でおとなしい湊谷は、やんちゃな下級生をまとめられるだろうか。

昨年、期待されながら箱根駅伝優勝を達成できなかったチームを土台にして、選手はさらに努力という薄紙を積み重ねていく。勝つために体を作り、心の準備をしていく。そのプロセスで箱根を走る選手、0区としてチームをサポートする選手に分かれていく。

「あいつらなら箱根やれますよ。強いもん」

新緑の5月、西川は兵庫リレーカーニバルで会った後輩たちの走りに目を細めた。

12名の新4年生たちの挑戦がもう始まっていた。

東海大学陸上競技部中・長距離ブロック所属4年生16名
——卒業後の進路（2018年8月現在）

春日千速　（株）ヤクルト陸上競技部・競技継続
阿部啓明　（株）ボードルア
小野稔彦　佐渡市消防本部
川端千都　コニカミノルタ（株）陸上競技部・競技継続
國行麗生　大塚製薬（株）陸上競技部・競技継続
小林和弥　NTT東京陸上部・競技継続
島田良吾　埼玉県中学校教諭
関原稔記　東京急行電鉄（株）
田中将希　遊学館高校
垂水　隆　（株）一条工務店
兵頭穂高　愛媛銀行
廣瀬泰輔　東海大学大学院体育学研究科修士課程
谷地宏康　（株）コモディイイダ

山田大地　（株）ＪＴＢ
西川雄一朗　ＳＧホールディングスグループ陸上競技部・マネージャー
鈴木すみれ　東武トップツアーズ（株）

参考資料

○書籍

『「人間力」で闘う　佐久長聖高校駅伝部　強さの理由』両角速著（信濃毎日新聞社）

○雑誌

「第93回箱根駅伝速報号　陸上競技マガジン2017年2月号増刊」（ベースボール・マガジン社）

「箱根駅伝2018　完全ガイド」（ベースボール・マガジン社）

「箱根駅伝　ガイド決定版　2018」（読売新聞社）

○サイト

「箱根駅伝公式Webサイト」（関東学生陸上競技連盟　読売新聞社）

http://www.hakone-ekiden.jp/

○テレビ番組

「第94回箱根駅伝」（日本テレビ系）2018年1月2日、3日放映

「news every.」（日本テレビ系）2018年1月4日放映

装幀／bookwall

〈著者紹介〉
佐藤俊（さとう・しゅん）　1963年、北海道生まれ。青山学院大学経営学部卒業後、出版社を経て、93年フリーランスとして独立。サッカー、陸上競技を中心に幅広いスポーツシーンを取材している。おもな著書に『駅伝王者青学　光と影』『中村俊輔　リスタート』『稲本潤一　1979-2002』『主将戦記　宮本恒靖』『GOALGATE　高原直泰　1979-2003』などがある。

GENTOSHA

箱根0区を駆ける者たち
2018年12月20日　第1刷発行
2019年 1 月20日　第2刷発行

著　者　佐藤 俊
発行者　見城 徹

発行所　株式会社 幻冬舎
〒151-0051 東京都渋谷区千駄ヶ谷4-9-7

電話:03(5411)6211(編集)
03(5411)6222(営業)
振替:00120-8-767643
印刷・製本所:中央精版印刷株式会社

検印廃止

ISBN978-4-344-03406-8 C0095
幻冬舎ホームページアドレス　http://www.gentosha.co.jp/

この本に関するご意見・ご感想をメールでお寄せいただく場合は、
comment@gentosha.co.jpまで。